1000人の経営者を救ってきた
コンサルタントが教える

社長のお金の基本

Keiya Sanjo

Basics of the President's money

三條慶八
Keiya Sanjo

かんき出版

まえがき

会社は、どんなことがあってもつぶしてはいけない。倒産だけはしない。

これが私を貫いている信念です。

どんなに高い理想を描いて起業したとしても、**社長になったそのときから、社長は「会社を倒産させないこと」という使命を背負うことになったのだと自覚してください。**

倒産してしまったら、高い理想も、輝やかしい理念も地に落ち、打ち砕かれてしまいます。同時に、社長の人生も崩壊し、ほぼ再起不能です。家族の暮らしも大きく揺らぎ、みなの人生の行く先も不透明になってしまいます。

私は、そうした悲劇を1件でも少なくしたいと、中小企業を対象に、**「絶対に倒産させないためにどういう経営をすればいいか」**についての経営相談にあたっています。

経営とは、お金を集め、使い回し、利益を出して残し、そのお金を新たに使い回しな

がら事業を大きく育てていくことです。

私が、「絶対に倒産しないための」経営相談を始めようと思ったきっかけは、ほかならぬ私自身が、いつ倒産してもおかしくないほどの絶体絶命の経営危機と、長い間、戦った経験をしたことでした。

私は、父が創業した三條コーポレーションの二代目として、神戸の三宮一帯で手広く、貸しビル業と飲食業を展開していました。事業は順調に拡大していき、地域ナンバー１企業となり、繁栄を謳歌していたのです。

しかし、１９９５年1月、阪神・淡路大震災で被災。事業は一気に傾き、総額１４０億円という巨額な負債を背負い込んでしまいました。

これほどの危機に立ちながら、私は、「どんなことがあっても会社は倒産させない。なんとしても家族の生活は守る」を不動の信念として戦い続け、ついに、１４０億円を返済し、完全復活を遂げました。しかも個人資産もしっかり守り抜いたのです。

気がつけば8年という歳月が流れていました。この間の戦いは凄絶の一言でした。返済までの道で私は心身ともにボロボロになり、何度となく、いっそ死んだほうが楽だろうと思ったくらいです。

しかし、ついに借金を返し終わったそのとき、これまで味わったことがないほど晴れやかで、清々しい気分を味わっていました。

同時に、1人でも多くの社長・経営者たちにこの気分を味わってもらいたい。**絶体絶命のところからでも倒産しない道はあると伝えたいという気持ちが、強く湧きあがってくるのを感じていました。**

その気持ちを生かして、その後、私が選んだのは、中小企業の経営者の経営上の悩み相談にお応えし、事業を育てていく後押しをするといういまの仕事です。

経営アドバイザーとして独立してから今日までに、約1300人の経営者の相談にのってきました。

なかには、明日にも倒産しそうな会社もあり、しかし、そうした方のご相談に全力で応じた結果、倒産をまぬがれ、いまでは順調に業績を伸ばし始めた企業も少なくありません。上場を目指そうと意気込んでいる企業もあります。

私は実際に、自分自身が中小企業を経営した体験をもっています。災害をこうむったことからとはいえ、経営がうまくいかなくなり、１４０億円という借金を返済する過程で、大手銀行、地方銀行、信用金庫など様々な金融機関と真っ向勝負をしてきた経験を積んできています。

だからこそ、中小企業の経営者たちの悩みを真に理解することもできれば、正攻法から驚くような裏技まで、実際に、困難な局面を乗り切っていく、現実的な方法をアドバイスすることができるのだと自信をもっています。

「そのような方法があるのですね」「そんなやり方は考えてもいなかった」など、その社長が考えている範疇《はんちゅう》を超える知恵や創意工夫などが一瞬にひらめくことによって感動してもらえ、話を真剣に聞いてくれるのです。だから、ここまでやってこられたのでしょう。

日本広しといえども、私のような経営アドバイザーはほかにいないと思います。

胸を張って、私はこういえます。

もちろん、優秀な経営コンサルタントはたくさんおられるでしょう。でも、彼らの多くは大学院や経済研究所などで得た、いわば机上の知恵を提供されています。実際の経営経験、借金と戦った経験のない人に、現実に即したアドバイスができるはずはありません。

多くの社長から私のアドバイスは説得力があり、「実際に先生のアドバイスどおりにした結果、危機をまぬがれた。本当に感謝している」といっていただいているのは、とてもうれしいことだと思っています。


そのノウハウやアドバイスをまとめた前書『社長の基本』（かんき出版）ほか、これまで出版した著作はお陰で好評で、多くは版を重ねており、読者から感謝の手紙やメールなども何千通もいただいています。

しかし、本を読んで相談にこられたといいながら、まだまだ、中小企業の経営について、あまい考えから抜け出していなかったり、今日明日乗り切ればなんとかなると先の展望をもたないまま、駆けずり回ったりしている方が少なくないのが実情です。


そうした社長さんをなくしたい。少なくとも私とご縁があった経営者を倒産だけはさせたくない。さらに一歩踏み出して、厳しい状況のなかでもどんどん事業を発展させていく、そんな経営者へと変わってほしい。

そんな思いを込めてまとめたのが本書です。

はっきりいえば、**経営とはお金を上手に扱うことに尽きる。私はそう、考えています。**

本書は、経営のキモである「お金」に的を絞り込み、社長として心得ておくべき、お金についての考え方、お金を使う、集める等のノウハウについて書いています。さらに銀行（金融機関）との上手なつき合い方、もっといえば銀行の〝利用法〟についての秘策まで、私が命がけで身につけた知識、そして多くの相談者との対話から知恵を絞って得たテクニックをあますところなく書き込んであります。

本書は、２０１７年に出版した『社長の基本』に次ぐ、中小企業の経営者に向けた書の第2弾です。本書をお読みいただければ、お金に関する社長の心得はわかっていただけるはずです。さらに、『社長の基本』も合わせてお読みいただくと、経営者としての心得をより広く、細部にわたって身につけていただけると思います。

もう一度、申し上げましょう。

経営とはお金をどう回していくか。この一言に尽きます。お金が回らなくなったら、会社は終わりです。

そうならないために、あらゆる知恵と策を講じるのが社長の仕事です。

そのことをしっかり自覚して、本書をお読みください。

本書が、あなたを「会社を倒産させない社長」に変貌させるためのお役に立てば、著者として冥利に尽きます。

２０１９年2月

三條慶八

社長のお金の基本　目次

社長のお金の基本・I

お金の使い方

Contents

社長のお金の基本・Ⅱ

お金の集め方

Contents

Contents

社長のお金の基本・Ⅲ

お金と会社を残す

Contents

カバーデザイン　井上新八
本文デザイン・ＤＴＰ　佐藤千恵
編集協力　菅原佳子
素材提供：Albert Kam, naKornCreate, NhorPhai /Shutterstock.com

社長のお金の基本・Ⅰ

お金の使い方

会社をつぶさずに、お金を回せる社長は、

最後の1円まで、お金は前向きなことだけに使っている。

「会社を始めてしばらくは何もかも絶好調で、社長業は天職だと思い込んでいました」

ある日、相談に見えた社長は笑顔でこう話し始めました。

でも、笑顔だったのは最初だけ。

正直な話、私のところに相談にこられる社長は、いまは順調だが、将来に危機を感じて先手を打ちたいとこられる社長もいますが、ほとんどはなんらかの問題を抱えた方です。私はあんのじょう、と思いながら、話の行方に耳を傾けていました。

3年ほど前に、居酒屋と飯どころを合体させたビジネスを始め、最初は飛ぶ鳥を落とす勢い、売上はぐんぐん伸びていき、1年前に相談にきたときはまず2号店を出し、以

後はチェーン展開をしていきたいと鼻息の荒い話を元気よく語っていました。

ところが今回は、「もうきつくて、きつくて。毎月、家賃などの経費と給料を支払うのがやっと。もう倒産も覚悟していますわ」というのです。

突然、風向きが変わったのは、近所に全国チェーンの居酒屋が出店したことからです。最近の居酒屋は食事のメニューも充実していて、業態は相談者のところとほとんど同じ。でも、全国チェーンのほうが知名度が高く、価格も低めです。

これではひとたまりもなく、相談者の店の売上は急坂を転がるように落ちていってしまったのです。

こうしたケースはあらゆる業界で、全国いたるところで起こっています。どの業界も激しい競争が繰り広げられていて、その結果、敗者も出れば、もちろん勝者もいます。

しかし、概して中小企業は後手に回り、苦しむケースのほうが多いのです。

私はこの社長にいくつかのアイディアを出し、それらを実施するためにどのくらい投資できるかと話を進めようとしたところ、社長はなんと、

「実は、もうダメじゃないかと思っているんですよね。相手は全国チェーンですし。倒

産に追い込まれるのは目に見えていると肚《はら》はくくっているんです。まだ金は少々ありますから、店を閉めるときに従業員に多少の退職金は渡せますし……」と言い出すではありませんか。ここまで聞いて、実は私は、この社長はもう終わりだなと引導を渡したくなっていました。

前書の冒頭に、私はこう書きました。

経営者にとって一番大事なことは、「どんなことがあっても会社はつぶさない」と肚を決めていることです、と。

その流れでいえば、「倒産に追い込まれると肚をくくっている」というこの社長は、もうその段階で〝死に体〟です。でも、その場合、従業員に多少のお金を渡したいという言葉には彼なりの誠意が感じられます。

そこで、私はこう提案しました。

「お店に新たな魅力を出す工夫を考えて、いま手元に残っている資金を投じて、もう一勝負してみませんか？」

そしてその後何回も相談を繰り返し、徹底的にご当地にこだわった店づくりを進めることにしました。店内にお祭り屋台を設け、メニューもその地方のおふくろの味主体のものに変えるなど、店内は地域のお祭りの日のような雰囲気の演出に一変させました。

ご当地にこだわった転換は予想以上に受け、店は息を吹き返し、いまでは全国チェーンのほうが青息吐息だというウワサが聞こえてくるほどです。

倒産も覚悟。そのときには従業員に多少の退職金を、と用意していたお金を新路線実現のためにと前向きに使ったことがきっかけになって、この店は息を吹き返したのです。

どんな場合もお金は前向きに使うべきだともお話ししました。しっかりした経営計画があれば、銀行を動かすこともできるはずです。

銀行からお金を引き出して、さらに大きな投資を行う。**同じ肚をくくるなら、倒産ではなく、どん底からでも絶対に再興するぞと肚をくくってほしいと強く願っています。**

従業員だって、わずかな退職金をもらって職を失うよりも、会社が元気を取り戻し、働き続けることができるほうがずっとうれしいはずです。

▼お金はもっと発展するため、
新商品・新展開を実現するためなど、前向きに使う。

会社をつぶさずに、お金を回せる社長は、
お金を小出しにではなく、ここぞというときにドカンと使っている。

中小企業では使えるお金にはおのずと限界があるのが普通です。

成功にもっていけない経営者は、そのお金をチマチマと全体的に使う傾向が見られます。それでは大手の攻勢には太刀打ちできません。

私は、いつも**「お金はメリハリをつけて使いなさい」**といっています。

社員が、「この予算は100万円かかります」といってきたら、「ここは勝負どころだから100万、200万じゃなくて、思いきって300万ぐらいいっておけ！」

このくらいの気合で、社員の背中をドンと押す。

その気合に社員は勇気づけられ、勝負に立ち向かう勇気を奮い立たせるのです。

ところが、多くの経営者はその逆を行きます。経営改革を仕掛けるときは、たいてい事業がうまくいかない、あるいは多少陰りが出てきたなど、金回りが厳しくなってきたタイミングに当たっています。

だから、社員が「100万円の予算を」といってくると、「なんとか50万円で収まらないのか」などとむしろ、予算をケチってしまうのです。

これでは効果は期待できません。思いきったことができないからです。

予算が潤沢でないならなおさら、お金はチマチマ使ってはいけません。こういうときこそ、勝算があると思ったのなら肚を決めて、思いきってお金はまとめて使うべきです。

毎年、同じような予算編成では時代から遠ざかっていくだけ

不思議でたまらないのは新年度の予算を考えるとき、前年の予算をもとにして、各予算を増減していく社長が多いことです。

この方式は官公庁の予算編成と同じです。前年度の予算が余ると次の年の予算を減ら

されてしまうので、年度末になると突然道路工事が増える、などというウワサがもれ聞こえてくる、あの方式です。

しかし、親方日の丸の官公庁と違って、中小企業でこれをやったら、1、2年で必ず倒産の危機が訪れるでしょう。

前年度、予算が余ったら、その予算は不要だったわけですから、次の年は大ナタをふるって削減すればいいはずです。

それに気づこうともしないで、漫然と予算を組んで、ダラダラチョボチョボと使っている。これでは事業の陰りを払拭するどころか、陰りはいっそう濃くなり、会社はどんどん悪くなっていくだけです。

そうではなく、予算が足りなかった、つまり伸びている分野に、次の年はドンと大きな予算をつけていくほうがずっと効果的です。

限られた予算ならば、なおのこと、伸びていく勢いがある分野、成長する分野に予算を集中的につけるべきです。

❖手元の予算を全額投入。うどん屋に転向して成功した京名産食品卸業者の例

顧問先に京都の老舗料理問屋があります。京漬物や昆布佃煮などの京名産品を、職人技にこだわって製造していたので、かつては多くの得意先をもち、十分儲かり、かなりの資産ももっていました。

しかし、漬物などの京の名産食品市場は縮小の一途。いまや市場規模は最盛期の半分近くまで縮小しているのです。そのうえ、原材料も品薄になり、値が上がり続けています。漬物用の京野菜は、京都の山間部などでほそぼそと栽培されているのが現状。昆布などの佃煮の材料も品薄になる一方。当然、材料費は上がり続けています。

気がつくと赤字体質に転落。それでも先祖からの資産を食いつぶしながら、代々続けてきた家業を自分の代でやめるわけにはいかないとふんばり続けています。

そうした状況を見かねた私はついに社長に決断を迫りました。

「このままだったら、じきに残った資産を食いつぶし、何も残らずに破産してしまいますよ。そのほうがよっぽどご先祖さまに申し訳が立たないんじゃありませんか」とあえて冷たく厳しいことをいったのです。

それから2年。工場だったところを大金をかけて改装し、現在は京うどんを提供する店になっています。販売スペースだったところのいかにも老舗らしい雰囲気を残した店内はインスタ映えすると若い女性の間で人気になり、その投稿を見て外国人旅行者も続々訪れる、京都に行ったらぜひ立ち寄りたい店のリストにものるようになっています。

事業の改変に向かうとき、私は2つの条件を口をすっぱくして言い続けました。

1つは、「とにかく利益が出せる事業を選ぶこと」。もう1つは「自分たちにしかできない、そして自分たちもこれならやりたい」という事業を選ぶこと、さらに、とにかく思いきって勝負すること。お金も最大限投入しなさいとも言い続けました。**中途半端なイノベーションで成功した例はないのです。**

社長と先代社長の会長は1年間悩み続け、さらに1年かけて、京の味の老舗企業だからできること、そして儲かる事業は何だろうと考えぬき、ついに、食品製造卸という代々の家業ののれんを下ろす決断を下しました。

そして、最大限のお金を投じて、京うどん屋として新たな伝統づくりに勇気ある一歩を踏み出したのです。その結果、この会社は確実に復活の道を歩み始めています。

会社の生死の分かれ目は、経営者が思いきったお金の使い方ができるかどうかにかかっているということです。

▼お金はホームランを打つために集中的に使う。
小出し資金ではヒットも打てない。

会社をつぶさずに、お金を回せる社長は、

わが社は人をつくっています、といい切れるお金の使い方をしている。

社長のお金の使い方でいちばん大切なことは、目先のことに使うのではなく、将来を見据えてお金を使うことです。

たとえば人材育成。

ＩＴ時代だとか省力経営時代だといっても、**経営のキーワードはあくまでも「人」です。進化し、成長し続ける会社には必ずすぐれた人がいます。**

中小企業は大企業のように優秀な人材を確保することはむずかしいと覚悟しておいたほうがいい、とはっきりいっておきます。特に最近は、かつてないほどの人手不足、人材不足です。

では、中小企業は有能な人材は得られないのか、と希望を失ってはいけません。

人は育てることができるのです。

いい会社は必ず、従業員の成長のためにお金を使っています。


経営の神様といわれる松下幸之助さんにはこんな逸話が伝えられています。

松下電器産業株式会社は世界屈指の家電メーカー、いまではパナソニックと社名を変え、暮らし全般だけでなく、電気に関わるさまざまな事業を世界規模で展開しています。

なぜ、ここまで大きく成長できたのか。

その答えは、松下さんの「お金の使い方」にあるのだと思います。

松下さんは、創業まもないころから、「松下は何をつくる会社か?」と尋ねられたら、「松下電器は人をつくるところです。合わせて電気器具をつくっております」と答えていたというのです。社員にも徹底して、こう答えるようにといっていたそうです。

「人をつくる」という精神を全社員が共有するように徹底していたわけです。


私の顧問先の社長にも、松下さんのような方がいます。

ある金属加工関係の社長さんは、一にも二にも人を育てることに熱心に取り組んでいて、外国語や技術関係の勉強をしたいという社員には費用を出し、勉強のある日は定時に会社を出られるように、周囲にも理解を求めるなど、最大限の応援をしています。また、社員研修も毎年多額の費用をかけています。

社員の健康管理に熱心なある社長さんは、パート社員まで人間ドックを受けるようにすすめており、費用を全額負担しています。健康管理は仕事にはいうまでもなく、家庭人としても大事です。

人間ドックをすすめる企業は少なくありませんが、大手企業でも人間ドックの料金は一部負担、もしくは多人数が受診するので割引料金になる、それを自己負担するところが大半です。ところが、この企業は「全額負担」。社員もそのありがたみは十分に理解していて、「うちの会社の規模でここまで行き届いた健康管理をしてくれるところはない」と社長の太っ腹ぶりに大いに感謝しています。

中小企業の経営者のなかには、「この会社はオレのもの」と考え、自分優先のお金の使い方をする人が少なくありません。

ある輸送関係の社長はその典型。自分や身内にはあまく、従業員には厳しく、パワハラ的なふるまいはしょっちゅう、という人でした。

収益が悪くなると従業員の働きが足りないからだと決めつけ、すぐにボーナスカットや減給という手をとります。その一方で、社長ははた目にも荒い金づかいをあらためる気配がありません。考え方そのものが自分優先、自分中心なのです。

これでは人が育つどころの話ではありません。社員は1人去り、2人去り……。気がついたときには、完全な人材不足、人手不足で、会社が回らなくなっていました。**人材確保が厳しい現在、人の確保はどの企業にとっても生命線といってもいいくらい大事な課題です。いまいる社員は会社の将来をつくっていく大事な資源なのです。**

人を育てるために一生懸命で、社員の健康管理や研修、海外視察など社員の成長のためにお金を使っていると、お金はめぐりめぐって、やがて何倍にもなって返ってきます。お金は貯めるのではなく、使って増やすことを考えたほうが賢明です。

▼社員のために使ったお金はやがて何倍にもなって返ってきて、会社を大きく育てる力になる。

会社をつぶさずに、お金を回せる社長は、

トイレや更衣室をきれいにするなど、職場環境を整えるためにお金を使う。

「どういうわけか、うちの会社は女性社員がすぐにやめてしまうんです。能力のある女性にはどんどんやりがいのあるポストを任せるようにしていますし、もちろん給与にも男女の差はないようにしています。何が原因なのでしょうかねぇ。私には女心はわからない……」とぼやくある社長さん。

女性を活用できないようではいまの時代、成功しません。社長さんの悩みが深いこともよく理解できます。

この会社はタオル製品をつくっていて、新製品の開発など、女性の感覚はこの会社の大きな武器になっているのです。

女性社員が定着しないのは、深刻な問題でしょう。

❖トイレ、更衣室がきれいだと女性社員の定着率がアップする

さっそく女性社員に集まってもらい、かけ値のない本音を話してほしいといったところ、ある社員が「私、神経質なのかもしれませんけど、会社のトイレに入る気がしないんです。なるべく家ですませてくるか、お昼休みにランチに行くファミレスなどのトイレを使うようにしています」

この一言に堰《せき》をきったように、

「更衣室がせまくて汚い。しょっちゅう掃除をしていないみたいで、ときどき臭いがこもっていることもあって……」

「社員食堂は安くて味はまあまあなんですけど、雰囲気がいまいちで……」と口々に、社員用の施設に対する不満が飛び出しました。

いつも来客用のスペースしか知らず、来客用のトイレしか利用したことがない私には驚くような話でした。

最近の女性は職場を選ぶときの条件の1つに、職場の設備等の環境をあげる人が増えています。

なかでもトイレは最重要ポイントの1つ。更衣室の清潔さをチェックポイントにあげる女性も想像以上に多いことに気づかなければいけません。

この社長さんは古い考えのもち主で、女性社員を確保したい、そのために、と思いつくのは、給与や昇格などの男女差をなくすこと、後は出産、子育てのための支援を充実させることだと考え、それらにはそれなりに力を入れてきました。

もちろん、そうしたことも大事な課題です。

でも、最近の若い世代、特に女性は、働く環境にも大きな関心をもっていることを心に留めなければいけないでしょう。

❖社員の絆を強くするカフェテリアのような社員食堂

百聞は一見にしかず、といいます。あれこれ話をするよりも、実例を見せたほうがインパクトが強いのではないか、そう考えた私はある日、この社長さんを、大手の化学品メーカーに連れていきました。午後から、この会社の女性社員の会社に対する要望をヒアリングし、その結果を踏まえてアドバイスする予定があったので、担当者に事情を話し、社員食堂でランチを一緒にとる機会を設けてもらったのです。

この会社は少し前に新社屋が完成したばかり。新社屋では最上階のいちばん眺望のいいスペースに社員食堂をもってきました。もちろん、呼び名も「食堂」ではなく、「サロン・ド・フルール」（花のサロン）と名づけ、ホテルのラウンジのようなインテリアでまとめられています。

これまでは、本社ビルの最上階などは社長室や重役室のためのスペースと決まっていたもの。**しかし、最近は、社内でいちばんいいスペースは社員のためのスペースに割く会社が増えています。**

ほかにも、眺めのよい上層階に社員のためのアスレチックジムを設けている会社もあれば、社員が午後、軽い睡眠をとれるスペースを用意している会社もある……という具合で、最近は、社員の待遇改善といえば給与アップ、という考えだけでは通用しない時代になっています。

中小企業では大企業のようなわけにはいかない、という事情もわかります。でも、いまやそういう時代になっているのだという認識はもち、できるかぎりの配慮はすべきでしょう。

この社長も、最上階の社員食堂を見学してからは考え方を大きく軌道修正。それまでトイレや更衣室、社員食堂を清潔で心地よい場にするということには気が回らなかったと苦笑していました。

そこで、私は「まず、トイレと更衣室をリフォームしたら？　最近では、コンビニだってトイレがきれいじゃないと評判が落ちるといわれているようですよ」とアドバイスしました。

社長は素直な人で、さっそくトイレと更衣室をリフォーム。せまいながらも化粧スペースもつくったところ、女子社員の喜びようは想定以上。更衣室には大きな姿見サイズの鏡を備え全身をチェックできるようにしました。これからデートという日など、念入りなおしゃれができて、これも女性社員には何よりうれしい配慮だといえるでしょう。

トイレ、更衣室の改善で手ごたえを得た社長さんは、次に社員食堂の改善に取り組みました。それまで地下にあった食堂を中庭に面した日当たりのよいところに移し、ウッドデッキ風のカフェスペースも設けたのです。

すると、それまで社員食堂は利用せず、コンビニで買ってきたパンなどを作業スペースのかたわらでボソボソ食べるだけだった社員たちが3人、4人と連れ立って中庭の食堂に行くようになり、ランチ後も、お茶を飲みながら時間いっぱい楽しげに談笑する姿が見られるようになったのです。**こうした談笑から社員どうしの絆が生まれ、おたがいにがんばって仕事を続けていこうと意欲をかきたてられるようになっていきます。**

その結果、社員の定着率は格段と引き上げられていくはずです。

会社にとっていちばん大事な人は従業員です。従業員が快適に働ける環境を整えることこれは会社にとって最優先課題だと考えるべきです。

▼清潔で心地よい環境で働きたい。
社員のそうした気持ちに応えるためにお金をちゃんと使う。

会社をつぶさずに、お金を回せる社長は、

社員との飲食代は自腹で払う。

中小企業の経営者のなかには、「オレがつくった会社だ」「自分の会社だ」という意識が強いタイプが少なくありません。

そういう経営者に見られるのが、会社のお金も自分のお金も同じだと思い込んでしまうこと。たとえ小規模会社であっても会社は会社。自分のお金とはきっちり線を引いておかなければいけません。

なかでも、意外な思い違いが、社員を連れて飲みに行くときのお金の扱いです。

きつい納期をみなでがんばって乗り切った日など、

「やあ、みんなご苦労さん。お陰で今回も納期をクリアできて助かったよ。本当にあり

がとう。今日はみんなで大いに盛り上がろう！　○○屋に全員集合だ」

こんな掛け声で社員を招集。行きつけの店で「なんでも好きなものを食べてくれよ。今日は飲みほうだい、食べほうだいだ」などと大見栄を切ったところまではよかったのです。いざ、支払いになったとき、「領収書、○○会社宛てで」などといっていないでしょうか。

❖気持ちよくおごってくれる太っ腹社長には社員がついてくる

社長にしてみれば、「社員の飲み会は会社の行事の1つ。経費で落として当たり前だ」と思っているかもしれません。

しかし、小規模な会社であればあるほど、そして社長自身が「自分の会社だ」と思い込んでいるくらいの規模の会社であればなおさら、社員は「社長は大将だ、親分だ」と社長に全幅の信頼を置いているものです。

お金に関してもドンと太っ腹でいてほしいのです。

社長が社員と1杯飲んだり、ご飯を食べたりするときに領収書をもらって経理に渡していれば、社長のイメージは地に落ちてしまいます。

「意外にセコい社長だったんだな」と幻滅してしまう社員だっているでしょう。

こうなってしまえばお終い。社長が仕事でリーダーシップを発揮しようとしても、素直についていく気にはならないものです。

恐ろしきは領収書！　です。

「もちろん領収書をもらうときには、社員にはわからないように陰でこっそり頼みますよ」。たいていの社長はこういいます。

でも、社員は社長が思っている以上に、社長の行動には敏感に目を光らせているもの。領収書をこっそりもらおうとしていることくらい、先刻、お見通しです。

もし、社員にはバレないように経費扱いにしたいなら、プライベートカンパニーをつくって、そこの会社のカードで支払うなど、もう少し頭を使うようにすべきです。

❖社員の誕生日を覚えていて、自腹でプレゼントを贈っている社長

社員数十人までの規模ならば、社長は社員全員を自分の子どもと同じくらい、1人ひとりに目をかけ、心を配って見ているべきだ。これは私が社長をしているときからの信念でした。

一例をあげれば、私は社員全員の誕生日を覚えていて、その日にはカードとプレゼントを贈っていました。

私の著書でその話を読み、さっそく、50人程度の社員全員の誕生日をスマホに入力し、それぞれの誕生日にはカードと記念品を贈ることにした社長がいます。彼はさらにアイディアを工夫し、記念品には銀のスプーンを選びました。

毎年、誕生日ごとに1本、また1本と増えていく。6年勤続すれば銀のスプーンが半ダースそろうというわけです。


領収書をもらうかもらわないか、だけではなく、社長になったら、いつでも、どんなことでも、誰かに見られている、特に社員が目を光らせているという意識はもっていなければいけない、と私はよく話しています。

それでは、プライベートな時間がないじゃないか、と反論する社長もいるでしょう。でも、社長とはそういうもの、そうした立場です。

有名人はいつでも、どこかから誰かに見られている、そのために行動が制限されることを〝有名税〟といいますが、社長業も同じことで、どんなときでも、社員の上に立ち、社員の人生を預かり、引っ張っていく責任と自負をもっていなければいけません。

いつも誰かに見られている、だから、いつ何時でも、誰に知られても恥ずかしいところがないように、身を律していなければならない。

それが社長になったものの自覚というものです。

社員との飲食代や記念日の贈り物などは自腹でドンと支払う。

それを惜しんで社員からの信頼、リスペクトを失ってしまうことを考えれば、それらの支出はタカが知れている……とは思いませんか。

▼社員は社長の一挙手一投足に関心をもっている。

セコイ、ケチくさいと思われたら、社長についていく気は失われる。

会社をつぶさずに、お金を回せる社長は、
売上、経費、利益率など、経営の基本の数字がいつも頭に入っている。

相談にいらした経営者に、

「会社の経営状態がわかる帳簿類はおもちですか」というと、平然と「いや、もってきていません」という例はけっして少なくありません。

初めて出会う場合、そこまでの経営資料は必要がない。あるいは見せたくないと思う気持ちもある程度は理解できます。

しかし、私の講演会を聞きにいらした、その延長線上の相談会ならばともかく、ちゃんと相談の時間のアポをとっていらした場合でも、こういう経営者がいるのです。

経営状態がわかる書類とは、普通、決算書（内訳書も含む）、近々の試算表、借入一覧表、資金繰り表、担保物件の謄本などをいいます。

なかには、「数字のことは全部、経理担当に任せているので、私はよくわからないんです。社長はもっと大きな立場で会社全体を見回しているべきだと思っていますから」と数字を把握していないことを誇らしげに語る社長もいるので、仰天してしまいます。

会社の将来を見通し、3年後、5年後、10年後、会社がどうあるべきか。そのために社長としていま何をすべきかを考え、行動するのが、社長の大きな役割です。

でも、それまでに会社がもたなかったら、どうするのでしょう。

いちばん大事なのは、将来計画を立てながら、現在から将来まで会社を継続させていくこと。それ以上に、さらに発展させていく。そのためには足元の経営をしっかりしたものにし、その状態を継続させていくことが必須です。

お金は会社の血液と同じです。どんなに優秀な製品があろうと、抜群の販売力があろうと、血液が滞ったら会社は即、死んでしまいます。そう、倒産です。

血液＝お金がいま、どういう状態なのか。経営資金は潤沢なのか。かつかつなのか。

足りないのか。お金の現状を示しているのが資金繰り表です。

私のところにくるときにそうした書類を持参しないくらいですから、銀行に融資の交渉に行くときも、おそらく「お陰さまで経営はうまくいっています」ぐらいの話しかしないのでしょう。もちろん、大まかな話はできるのでしょうが、ちょっと突っ込まれるとおろおろし、立ち往生するに違いありません。

細かなお金の出入りは経理任せ。儲かっているかどうかは税理士任せなのでしょう。

こういう社長では安心して融資はできない。

私が銀行員であったとしても、そう判断すると思います。提出した書類の説明がきちんとできなければ社長の評価もダダ下がりでしょう。

❖売上と利益、資産と負債の数字を頭に入れておくのは社長の基本のキ

といっても、会社のお金は毎日出入りし、毎日動いています。その動きを経営者が毎日、細かくチェックし、把握しているように、というつもりはありません。

ただし、週ごと、月ごとなどに数字の報告をきちんと受けて、その動きをしっかり頭に入れておかないようでは、経理担当だって数字の扱いが粗くなるでしょう。まして税

理士、会計士など外部の人間は、会社に対する思い入れも責任感も、経営者に遠くおよびません。

会計士や税理士は会計・税務のプロとはいえ、担当しているのはあなたの会社だけではありません。

契約している多数の会社、あなたの会社はそのなかの1社にすぎない。立場を変えて考えるまでもなく、あなたの会社への思い入れも責任感もそこまで大きくないのは当たり前です。

毎日、血圧などを測ることが健康管理の基本であるように、売上や資金繰りなど経営の指標である数字は定期的にチェックし、だいたいのお金の流れはいつも頭に入れておくこと。これは社長業の基本です。

中小企業は、資金ショートしたら一巻の終わりだということを肝に銘じて経営するべきです。

❖生きた数字を知っており、分析している社長は経営力が高い

顧問として契約すると、最低月1回の面談を行い、さまざまな質問をしていきます。

また、メール、ＬＩＮＥ、電話などで日々の相談、悩みを聞いています。こうした現況を把握するための努力は、アドバイザーとして欠かせないことだと思っているからです。

たとえば、各店ごとの前年対比や商品ごとの売上構成、目標売上に対する実売比率、商品ごとの原価率・部門ごとの利益・人件費比率・投資効率・顧客構成、リピーター率、クレーム数などおそらく社長が気づいていない数字も多く含まれます。

私が社長だったら、聞かれるまでもなく、どれも気になる数字です。これらの数字を把握していくと、なぜ、売上が上がったのか、反対に下がったのか、を分析できるのです。「なぜ？」その数字になったかを検証することが大切です。

ところが、数字を尋ねてもすぐに返答できない社長がいるのです。

なぜか。

こういう社長は毎日、事業の動き、数字を注視していないのです。部下に命じてやたらに資料は作成しているのでしょうが、数字は記録すればいいというものではありません。

その数字から何を読み取るか。

毎日、数字の動きを注視していると、数字の動きからいま、会社を支える事業に何が

起こっているのか、直感的に読み取れるようになるはずです。

数字は市場の動向、お客様の声、自分の会社がどう評価されているか……などを如実に物語っているものです。

しかし、数字を比較しているだけでは何の意味もありません。毎日、生きた数字を集め、それを分析して、次の日の経営に反映していくのです。

ある健康食品ビジネスの経営者は、外から帰ると、来客が待っていても、「すみません、ちょっとチェックさせてください」といってパソコンに目をやり、その日の数字の動きを必ずチェックしています。

その会社はいままでは大きく成長し、全国に店舗を広げ、日本の健康食品ビジネスを牽引する企業になっています。

▼会社の状況はすぐに数字に表れる。

経営の基本になる数字が頭に入っていないようでは、社長は務まらない。

会社をつぶさずに、お金を回せる社長は、

「お金のことは人任せ」にせず、自分でやっている。

どんな会社も初めの一歩は小さな規模から、であるはずです。

そして、そのころは、事業計画を立てるのも、営業に出かけ販売してくるのも、金勘定もすべて自分でなんとかこなしていたでしょう。

ところが事業が拡大すると、当然、1人で何もかもやる〝ワンオペ〟ではやっていけなくなってきます。その結果、社員を増やし、税理士など外部の人間に任せるという体制へと進んでいきます。

ある意味、それは当然です。事業規模が拡大してくれれば、仕事の幅も量も増えてくるのです。信頼するスタッフを育てていかなければ、会社も育っていきません。

ここでよく起こる失敗が、その社員、あるいは外部スタッフに何もかも任せてしまい、自分は製造や販売など得意な仕事に専念してしまうことです。

ある顧問先の例です。

化粧品の製造販売をしているこの会社は、化粧品市場の大きな変化の波にうまく乗って、業績をぐんぐん伸ばしていました。

化粧品業界にもネットショッピングという時代の大きなうねりは容赦なく押し寄せてきており、以前のように大手が市場を寡占するという形ではなくなってきています。10代など若い世代に向けた遊び感覚の強い製品がネットや通販でよく売れる時代に移り、さらに、小規模でも特筆すべき品質や商品に特化して急成長を遂げている会社が出てきています。

この社長は若い世代向けの市場に着眼し、ユニークなヒット製品を連発するようになっていました。

❖必ずダブルチェック、トリプルチェックする。これは鉄則

社長はここが事業を一気に伸ばすチャンスだと思い、2、3年前、経理担当の社員を

雇いました。お金に関することはすべてこの社員に任せ、社長は営業活動に専念するという体制を整えたのです。

ところが売上が伸び、利益も十分出ている。銀行からも順調に融資を受け、すべてが好循環だという数字が出ているのに、なぜか資金繰りが苦しくなってきたのです。

苦しまぎれに社長の個人資産を崩してその場をしのぐ。そんなことを繰り返しているうちに、ついに銀行から呼び出される事態になってしまいました。

さすがの社長も「これは何かおかしい」と思うようになり、税理士に依頼して人を派遣してもらい、すべてのお金の出入りをチェックしたところ、経理担当者がお金を横領していたことが発覚しました。

被害額はなんと5000万円。いきなり倒産とはなりませんでしたが、今後、5000万円を純益で埋めていくには相当の時間と忍耐が求められるでしょう。

❖銀行員と実印はどんなことがあっても人任せにしない

社長は銀行印も実印もこの経理担当者に任せていたというから、開いた口がふさがりません。どんなに信用できる人だとしても、これだけは絶対にやってはいけません。

人間はもともと非常に弱い存在です。目の前に自由になりそうなお金があれば、つい手を出してしまう。日産のゴーン元会長の例は人間の弱さ、もろさを如実に物語っているといえるでしょう。

この会社の場合は、横領した経理担当者を責める前に、お金のすべてを人任せにし、自身はろくにチェックしていなかった社長が自分自身を責めるべきです。

会社に不祥事が起こる原因は、必ず社長にあることを肝に銘じておかなければいけません。

お金の動きこそ経営の原点であり、お金が会社の成否のカギを握っていることをちゃんと理解している社長ならば、お金の動きは、まず、社長自身がしっかり目を光らせているべきです。

とはいえ、社長には社長の仕事もあります。日頃の経理作業を担当者に任せること自体をダメだとはいいません。その場合は、絶対にダブルチェック、トリプルチェック体制をとること。そのための人件費をケチったり、適当な人がいないなどといっている場合ではありません。

わざわざ、チェックのために人を採用しなくても、「お金を受け取る人、勘定する人、入金する人」をそれぞれ別々にすれば、事実上トリプルチェック機能が働くようになるはずです。

規模の大小にかかわらず、1人の人間がお金の出入りに関するすべてができるという体制は絶対にとらないこと。

リスクを避けるためのお金はちゃんと使う。これは経営の鉄則です。

❖インターネットバンキングの利用などリスクヘッジを考える

お金のことはけっして丸投げしないという認識も大事です。

社長自身が時々、通帳の残高・現金残高と帳簿上の残高を突き合わせるなど、チェックを怠らないこと。それも毎月〇日などと決めて行うのではなく、ランダムにチェックをするようにします。**つまり、抜き打ちでやることが原則です。**

金銭トラブルを起こした人に理由を聞くと、最初はほんの出来心、金額もごく少々であることがほとんどです。ところがチェック体制があまく、バレない、表沙汰にならないことが続くと、つい、2度、3度と回を重ねていき、金額もしだいに大きくなってきます。その結果、しだいに大きな罪を重ねていってしまうのです。

社長の金銭管理のずさんさは、結果的に、人を追い込む結果を招き、その人の人生を狂わせることにもなってしまいます。

銀行印と実印はたとえ女房であっても渡さない。これも絶対に守るべき鉄則、いや、原則です。それぐらいの心構えでないと何かあれば中小企業は倒産してしまいます。

常識で考えたら、そんな危険なことをするはずはないでしょう。しかし、実際に、相談にこられる方のなかにも、「毎日のことですからね。いちいち、私が判を押していたんじゃめんどうでたまらないんですよ。まあ、うちの経理は固すぎるぐらい固い人間なので、間違いを起こすようなことはあり得ないんですが」という社長はけっこういます。

印鑑の管理がめんどうくさいというなら、印鑑の必要がなく、パスワードを入力すれば利用できるインターネットバンキングの採用を検討するなど、自分なりのリスクヘッジを積極的に考えるべきです。

▼会社に不祥事が起こる原因は、必ず社長にあると肝に銘じる。

会社をつぶさずに、お金を回せる社長は、

手間暇を惜しまず、めんどうくさい作業に徹している。

「棺桶型社会」。強烈なインパクトを感じる言葉です。

この言葉は、少子高齢化がすさまじい勢いで進行している日本社会の人口構成を意味するもの。かつては若い人口が多く、高齢になるにつれて人口が減っていくピラミッド型だったのに、現在では、高齢者層が厚く大きく、若くなるにつれて人口が減少していきます。その様子をグラフにすると、欧米で使われる逆長三角形の棺《ひつぎ》の形になる。それが「棺桶型社会」と呼ばれる日本の実情です。

最近、地方の企業の顧問先の相談を受けると、不安なことを予期してしまう私は、こ

の後、どんな方向を目指していけば活路が開けるのか、考え込んでしまうことがあります。

大企業vs.中小企業の厳しい戦い。地方ではそれに加えて、地方社会の衰退というもう1つのシリアスな課題と向かい合わなければいけないのです。少子高齢化により市場のパイが年々小さくなる現象は、地方ではより深刻化しています。

しかし、どんなに厳しいなかにも活路は必ずあります。私は、得意先と一緒に、活路を見出すためにギリギリまで頭を絞り、最後の1滴まで知恵を出し合って話し合いを続けることを繰り返しています。

そうして見えてきた1つの答えが、手間暇を惜しまず、人の心に訴えかけるというビジネス手法です。

❖徹底的なまでにきめ細かなサービスで顧客を取りこぼさない

家電市場では量販店が市場を席捲し、小さな街の電器屋は苦境に立たされています。

しかし、ある得意先は、いまも売上をキープ。しかも定価販売です。この社長は、**「自分の店の商圏のお客は1人たりと取りこぼさない」という方針を立て、地道にそれを実**

践しています。

具体的には、電球1個、電池1個でも配達し、交換まで行っています。そのついでに、「この間の洗濯機の具合はどう？」とか、「エアコン、古くなったね。最近はいいのが出ているよ」とか「おじいちゃんに電気肩掛けを買ってあげたら？」などと新規の購入を導き出すことも忘れません。

そのきめ細かなサービスと、まるで親戚のお兄ちゃんのような親しい話し方、家族への気配りが、この店の安定的な商売を支えているのです。

東京の木挽町《こびきちょう》にある老舗和菓子店は、家紋入りの焼き菓子を特注でつくり、人気を得ています。焼き印をつくってお店に預けておくというアイディアがお客の「特別感をくすぐる」のでしょう。店で預かっている焼き印は増える一方だそうです。

新橋にある飲み屋は古いビルの地下という立地にもかかわらず、いつも満員。この店には全国の高校の寄せ書きノートがなんと3000冊近くも置いてあり、それを目当てに、故郷の母校を懐かしむお客が足しげく通ってくるのです。

こんなめんどうなことを、めんどうくさがらずに地道にやっている、そんな会社は経営難の3文字とは無関係な経営を続けています。

❖手間暇をかけることで出版不況と戦っている書店

出版も不況に悩む業界の1つです。街から書店が消えていく様子は珍しくなく、私の周辺でも、ふと気づくと、それまで大きな書店だったところがカフェやドラッグストアに変わっている例をいくつも見かけます。

そんななかで、めんどうな手間暇をかけることで3000人の固定客をがっちりつかみ、安定的な経営軌道にのせた書店があります。

「いわた書店」は北海道の砂川町にある小さな書店で、以前はご多分にもれず、売上減少に四苦八苦していました。

しかし、店主は、「書店のプロとしてのスキルで勝負できないだろうか」と考え、「1万円選書」というサービスを思いつきました。

お客はいくつかのアンケートに答え、同時に1万円を払い込みます。そのアンケート結果（カルテと呼ばれている）に基づいて、店主がそのお客さん1人のために、おすすめの本を約1万円分選んで届けるのです。

もともと「売れる本」ではなく「売りたい本」を置くようにしていたという心底本を愛する岩田さんだからこそ、思いついたアイディアといえるでしょう。

このサービスは口コミで広がっていき、ついにはNHKが『プロフェッショナル仕事の流儀』でとり上げるまでに。「運命の1冊、あなたのもとへ〜書店店主・岩田徹」が放送されると評判はさらに高まり、いまでは「1万円選書」は抽選で当選した人限定、という人気ぶりです。

アンケートはA4用紙3枚におよぶ詳細なもの。これを書くことで自分を見つめなおす機会を得たという感想も多いといいます。さらに、送られてくる本には岩田さんからの手紙も添えられており、それがお客に新たな感動を呼んでいます。

カルテを読み、そこから見知らぬお客の思い出や人間性を読み取って本を選んでいく、店主の手間暇がどれほどのものであるかを思うと、その努力と、本に対する愛情に強く胸を打たれます。

届く本は多彩で、ふだん、自分では手にとらないようなジャンルの本も含まれていることが多く、そこから新たな本との出会いを提供するという効果もあります。

めんどうくさいから、手間暇がかかるから……と尻込みするばかりでは、会社の将来は開けていきません。むしろ、人がいやがるめんどうくさいところに積極的にお金を使ってみましょう。

その思いきった戦略が活路を開く。こうした戦略はほかにもいろいろあるはずです。

▼会社の生き残りをかけた戦略には、手間暇、お金を惜しまずに使う。そうして活路を開いていかなければ、会社の存続さえ危うくなる。

会社をつぶさずに、お金を回せる社長は、

社員の失敗もコストのうちだと考えている。

社員が失敗するとひどく怒る社長は少なくありません。

特に、すでに先行投資をしており、失敗が金銭的なダメージを伴う場合は、「お陰で大損だ。取り返すのにいくら売ればいいかわかっているのか!」などということまで口にする社長も珍しくないでしょう。

しかし、これまで大成功してきた人のなかで、失敗をしなかったという人はいないはずです。世界市場で大成功を収めたユニクロの経営者・柳井　正氏もこういっています。

「僕はずっと失敗してきた。いままでどのビジネスでも1勝9敗くらい。唯一成功したのがユニクロです」

近年でも、ユニクロは「野菜」の生産・販売に乗り出し、2年間で28億円の赤字を出して、あっさり撤退しています。失敗の原因は、野菜を安定供給できなかったり、在庫管理が思いのほか難しかったことなどだそうです。

柳井さんの経営哲学は、

「致命的にならないかぎり、失敗はしてもいい。やってみないとわからない。行動する前に考えてもムダです。行動して修正すればいい」

という言葉に集約されています。

私の顧問先の企業にも、柳井さんのような社長がいます。

社員が新しいアイディアをもってくると、その社員と議論を尽くし、少しでも芽があると判断すると、「とにかくやってみろ。予算は○○円までならOKだ。好きなように使っていいから」とちゃんと予算もつけて、社員の背中を強く押します。

社長の肚のなかには、いまの体力なら、ここまでの損金ならカバーできるという読みがちゃんとあるのです。こうした読みができるのは、常に会社の数字が頭に入っているから、であることはいうまでもありません。

❖ 失敗から学ぶ学問を体系化した学会もある

失敗しないというと、いかにも堅実経営で優秀な企業だという印象がありますが、**実際は「失敗しない」ことは「何もチャレンジしていない」ことに他なりません。**失敗しないことは、退歩に向かう兆候だといってもいいくらいです。

逆に考えれば、失敗は前向きの行動です。そのうえ失敗には多くの学ぶべきことが潜んでいます。

失敗は将来に向けての進化や新たな価値を創造するときには欠かせないといってもいいほど重要なものなのです。

こうした考えから、失敗学という学問領域をつくり上げた研究者もいます。

畑村洋太郎東大名誉教授は専門の機械工学を学生たちに教える過程で、過去の失敗から学ぶ姿勢が研究や開発にどれほど大切なことであるかに気づき、2002年、「失敗学会」を設立。失敗から何を、どう学ぶべきかを理論的に考証しています。

❖ 失敗を受け入れ、前向きの力にしていく

いまは、かつてないほど社会の進化がめまぐるしく、昨日の成功、今日の勝利が明日

も通用するとはかぎりません。

むしろ、明日はまた新たなビジネスが市場を席捲する。そう考えていなければ、気がついたときには現在、会社を支えている屋台骨のビジネスは古くさくなってしまい、市場価値を失ってしまっているかもしれません。

こういう時代に必要なのは、失敗を恐れることなく、積極的にチャレンジを続け、将来に続く道を切り拓いていこうとする勇気と寛容さです。

もちろん、失敗は失敗。いくらでも失敗していいというわけにはいきません。万全を尽くしたのだが失敗してしまった。そうした失敗であれば、それをただの失敗に終わらせず、なぜ、失敗したのかをよく見つめ、分析し、次に進む一歩のために生かすのです。

そういう失敗ならば、胸を張って**「失敗で失ったお金は次の効果的な一歩のための前向きの投資だ」**といえるのではないでしょうか。

▼失敗のコストは会社の将来に向けた先行投資の一部。
社員が失敗したら、むしろ大いに喜ぶ寛容さをもつ。

会社をつぶさずに、お金を回せる社長は、

費用をケチらず、質の高い税理士と契約している。

どんな会社でも日々、仕事をしていると、会計処理をしたときに、つじつまが合わないお金が出てくることがあるものです。たとえば、社員が領収書をもらうのを忘れたとか、成り行き上領収書のもらえないお金など。

こうしたお金をどのように処理するか。そこで会社の経理の質がはっきり分かれます。多くの場合、こうした使途不明金が出ると、社長の貸付金として処理してしまいます。そのほうが一手間ですみ、税理士がめんどうでないからです。

ところが、この社長貸付金は後々になって、大きなツケになる場合が少なくないのです。社長貸付金が多いと、それを見た銀行は、「この社長は会社のお金をポケットに入れているな」と判断し、社長の信用はガタ落ちになることがあるのです。

実際にお金は出ていっているので、なんらかの処理はしなければなりません。

では、どうしたらいいか？

❖経営のかけ引きがわかる税理士に育てていく

先日、相談に見えた社長もまさにこの問題で悩んでいました。

「銀行に『このお金、何に使ったんですか』と突っ込まれたんですが、私、実際は使っていないんですよ。でも、銀行に『私は使っていません』なんていえません。

そしたら、銀行に『このお金、ちゃんと返して、きれいに消しておいてください』なんていわれましてね。

このうえは、社長の給料をもっと上げて、そこからこのお金を消していくしか方法はないとしか考えられないんです……。先生、それで問題はないでしょうか」

「いや、大ありですよ。そんなことしたら、『そんなに業績がいいわけじゃないのに、なぜ、給料を上げるのか』と銀行はもっと突っついてきますよ」

私がそう答えると、この社長はうろたえるばかりです。

こうした例はけっして珍しくありません。**この顧問税理士は帳簿上のお金の帳尻を合わせて会計処理をし、税務署に責められない方法を選んでいる**、と言い切ってもいいくらいです。

もちろん、帳簿上、スキのない会計処理をしてくれる税理士もいるでしょう。しかし、彼らはお金を借りた経験がないので、銀行対策までは考えない。いや、考えることができません。その結果、この社長のように、銀行からつつかれ、窮地に立つことが起きてしまうのです。

説明すると長くなるので詳しくは書けませんが、私なら、**こうした使途不明金は、たとえばいったん経費で処理するなど、銀行の信用を落とさないやり方で処理をするなどして乗り切ります。それから徐々に本格的な処理方法を財務状況に応じて処理していきます。**

もともと税理士の職分は銀行対策ではないので、そこまで考えて会計処理をする税理士はめったにいないでしょう。

しかし、税理士の考え方を変えさせるのも社長の役割です。

顧問税理士は、顧問先の会社を守る立場です。自分のプライドや名誉だけを考えるべ

きではありません。実際、私はこれまで、何人かの税理士を、社長を守る税理士へと思考転換させました。

社長は、税理士に向かって、「誰からお金をもらっているのか考えてみてくださいよ。税務署からもらっているわけじゃないでしょ。お金を払っているのは私なんだから、この会社を守る会計処理をしてください」などといって、社長を守る決算書類をまとめてくれる税理士へと育てる努力が必要なのです。もちろん粉飾をしろということとはまったく違います。

❖税理士費用として月に最低5万円は使う

もちろん会社の規模や業種によっても違いますが、私は「税理士のお金はケチらないように。できるかぎり最大の報酬を用意して、質のよい税理士を確保するべきだ」とよくお話ししています。

ネット検索などすると、最近は月に1万円、2万円でも税理士が見つかるようです。しかし、「安かろう、悪かろう」という言葉は人に対しても当てはまります。

年商3億円を超えたら、税理士に最低でも月額5万円から10万円は支払う。逆にいえ

ば、そのくらい優秀な税理士と契約するようにしたほうがいいと思います。

このクラスの税理士になると仕事量にもよりますが、伝票処理はもちろん、振込業務などもこなしてくれるケースも多いようです。こうなれば、経理のスタッフはごく少数ですむようになります。

経理のスタッフを1人雇えば20万円も30万円も給料を支払わなければならないでしょう。正規雇用となれば社会保険料もボーナスも必要になり、コストパフォーマンスはかなり下がるはずです。

税理士だけではなく、これからの経営では1つひとつの作業、事柄のコスパを計算し、雇用するか、外注するか。コスパ本位の方策を選んでお金を使うことも、経営力の大きな要素になってくるはずです。

外注を上手に使うことも、効率的な選択肢であることも視野に入れておくべきです。

▼何事においてもコスパを大事に選択する。

たとえば税理士費用をケチる前に、

会社にとって何が大事かの判断力を働かせ、より効率的にお金を使う。

会社をつぶさずに、お金を回せる社長は、

5年後、10年後を見越してお金を使っている。

相談に見える経営者に「5年後、どんな会社にしたいと思っておられるのですか?」と質問すると、たいていは、「5年後、なんて考えていられません。うちは毎年、どうにかこうにか続けている状態なんです。5年後も会社があればいいなあ。冗談でなく、そう考えているのが実情です」という答えが返ってくるなどします。

苦しい事情はわかります。でも、組織を引っ張る社長がこんな気持ちでいることを知ったら、社員はその社長についていく気持ちにはならないでしょう。

中小企業で働く従業員たちは、大企業の社員のように安定した将来を描きにくいものです。社長が「5年後も会社が続いていればいいな」と思っていれば、従業員たちはもっと強くそう思うはずです。

そんな社員の思いを払拭し、希望に変えること。これも社長が果たすべき役割です。**できる社長かどうかを判断する指標の1つは「社長が将来ビジョンをもっているかどうか」だといえます。**

できる社長は、5年後、10年後の会社のビジョンを描いています。少なくとも3年後の売上目標と利益予想を算出し、それを実現するための準備を進めています。

どんなに業界が厳しくても、その業界でビジネスをしている社長ならば、厳しいなかにも光の射す方向を肌でとらえる感覚があるはずです。それを感じることができないまま、日々のやりくりに追われているだけならば、ただ闇雲に会社を維持しているだけだといわれても反論できません。

あるインテリア雑貨メーカーの社長は、毎年数人の社員を海外旅行に連れていきます。「うちにはそんな余裕はない」と片付けてしまえば、話はそこで終わりです。いまは、シーズンやコースを選べば海外旅行は考えている以上に格安で行かれます。それでも社員は海外旅行と聞いただけで喜ぶものです。

連れていく社員は、飲み会などのビンゴで選ぶというのも社長のユニークなアイディア。ダブリのないように調整したほうがいいという考えもあるでしょうが、この社長は「ビンゴはビンゴ。恨みっこなし」と割り切っています。

ただし、条件を1つ設けています。旅先で、将来、こんなものをつくったらどうだろう、という新製品のアイディアを見つけてくること。

なんだ、宿題付きかとしらけるかと思っていたところ、むしろ、この〝宿題〟に社員は熱くなり、旅行先の街を丹念に歩いて、けっこう面白いアイディアを見つけてくるのです。この旅行で得たアイディアから生まれたヒット製品もすでにいくつかあるそうです。

❖将来への投資は金額の枠を決めて行う

将来を見通し、明るい将来のために新規事業に積極的に取り組む姿勢は大いに評価すべきです。ところが、新規事業に乗り出すというとそれだけで心が躍り、バラ色の将来像に浮かれてしまう社長も少なくないもの。これはこれで大問題です。

新規事業は未知の領域で、吉と出るか凶と出るかはやってみなければわかりません。最初から失敗を恐れ、へっぴり腰で新領域に乗り出すようでは成功は望めませんが、反対に、イケイケドンドンと蛮勇《ばんゆう》を奮《ふる》うばかりの社長も危険です。
会社の将来を託す新事業である場合でも、スタート時点で必ず、次の3つを決めておくこと。そして、どんなことがあってもこの3つは堅く守ると誓ってください。

1・投資金額の上限を決めておく。

2・累積赤字がここまできたら撤退する、という線を引いておく。

3・結果が出なかった場合の撤退時期を決めておく。

新規事業は、進出の時期を決めるより、撤退の時期を決めるほうが大事だと、私は常々いっています。中小企業は大きな赤字をもちこたえる体力はないからです。
最後まで戦うことは一見、立派な姿勢に見えるかもしれません。しかし、会社はそうはいきません。最後の最後まで戦っても、その結果、体力を使い果たし、倒産してしまったら、将来も何もなくなってしまうのです。

▼将来に向けた投資を惜しむ会社はじり貧に向かう。だが、このとき、投資の上限額を決めておかないともっと厳しい結果が待っている。

社長のお金の基本・Ⅱ

お金の集め方

会社をつぶさずに、お金を回せる社長は、

無借金経営は理想の経営だとかん違いしていない。

相談者のなかには、「うちの経営はきわめて順調で、銀行（金融機関）からの借入は1銭もありません」と誇らしげにいう方がよくいます。

「それなら、なぜ、相談に見えたのですか？」と皮肉をいいたくなりますが、実際は、私はひそかに「今日、相談にきてよかったですね」と胸をなでおろしています。

「銀行から1円も借りていない」ということは、この会社は銀行との関係がないということです。これまで、それでやってこられたのはただ運がよかっただけ。

事業をしていれば、取引先が倒産することもあれば、地震や大型台風などの自然災害に見舞われることもあり、まったく予想していなかった被害、経営のミスでもなんでもない、でも、どうしようもない損害を出すことだってあり得ます。

災害のときならば、保険金や公的な措置で、事業の立て直しは図れるかもしれません。しかし、つなぎ資金はどうするのでしょうか?

もっとリスキーなのは、取引先の倒産のあおりで、こちらまで資金繰りに窮する事態に陥ることです。大きな企業が倒産するとその余波に巻き込まれ、最悪の場合には連鎖倒産に追い込まれる中小企業がどれほどたくさんあるか、想像してみてください。

こういうとき、それまでつき合いのある銀行ならば緊急融資を考えてくれるはずです。

無借金経営は、そうしたときに頼れる銀行をもっていないということに他なりません。だから、**「無借金経営ほど危ない」**のだという現実に気づかなければいけないのです。

銀行は見ず知らずの会社にお金は貸さない

ここまでお話ししても、まだ、「うちの経営状態は上々だから、いつでも銀行はお金を貸してくれるはずだ」と思い込んでいる経営者もたくさんいます。

経営者であり、社長と名乗っていながら、銀行がどういうところなのか、まったく理解していないのです。

銀行が重視するのは、それまでの融資実績、というよりも、貸したお金をきちんと返してきたかどうか。**つまり返済実績です。**

百歩譲って、きわめて経営状態が良好で、銀行から見ても新規の取引先として積極的に融資したいような企業だとしましょう。

それでも、**新規の融資を検討するにはそれなりの資料を用意してくださいといいます。最低でも3期分の決算書、ほかにもいろんな資料を要求するはずです。社長個人についてもカードの事故歴や税金を滞納しているなどがあれば融資はアウトです。**

緊急にお金が必要なときにそれらを調べて結論が出るのを待っている時間の余裕はないでしょう。そのときになってあわてても手遅れです。

❖ 好調なときこそ、積極的に融資を受けて事業拡大を目指す

経営状態が絶好調なら、こうしたときこそ、融資を受けるビッグチャンスだと考えるべきです。

日本人はなぜか、融資を受ける、借金をすることをネガティブにとらえがちです。

一方、海外では、融資を受けることは、それだけビジネスが評価されたのだとか、自

分を信用してもらえた結果だと、大いにポジティブに受け止めます。

アップルの創業者、スティーブ・ジョブズはＰＣの開発に天才的な才能をもつと同時に、借金することにも素晴らしい手腕をもっていたと伝えられています。

経営が順調なときならば、初めて融資を申し込んでも、かなりの確率で「ＯＫ」となり、融資を受けられるはずです。その融資を約束どおり、きっちり返済して銀行と良好な関係を構築しておくべきです。

前書でも申し上げましたが、あらためて、**無借金ではなく、良質な借金経営こそ、中小企業が目指すべき経営のあり方なのだということを肝に銘じてください。**

▼「無借金経営」よりも、
銀行から適正規模の融資を受けて取引実績をつくり、
いざというとき、
すぐに融資してもらえる態勢を整えることのほうが重要。

会社をつぶさずに、お金を回せる社長は、

クラウドファンディングなど、マネー新時代について積極的に勉強している。

最近では銀行から借入をしないで、資金調達方法をする方法も出てきています。クラウドファンディングはその1つでしょう。

クラウドファンディングとは、ある目的のためにネットなどでビジネス構想を発表して訴えかけ、多くの人々から資金を集めることをいいます。クラウド（crowd）とは大衆という意味。ファンディング（funding）は財政的に支援することを意味し、多くの場合、インターネットから呼びかけ、不特定多数の人々から比較的少額の資金を募り、それをもとに創業したり、事業展開したりするという仕組みです。

クラウドファンディングには、出資者が見返りを求めず、資金提供を受けた側はプロジェクトの進行状況や活動報告を行うだけという「出資型」、プロジェクトが完成したら製品やサービスを優先的に手に入れられる「購入型」、製品やサービスが完成し、得た利益から応分の配当を受ける「投資型」などの種類があります。

アメリカではすでにかなり一般化しつつある資金調達法になっています。日本でも今後、盛んになる可能性は小さくないでしょう。

金融機関と肩を並べるまでにはまだ時間がかかる

キャッシュレス化が急テンポで進むなど、お金の世界にも新たな動きが現れ、加速しています。クラウドファンディングも今後はもっと大きな存在になっていくでしょう。

しかし、現段階ではクラウドファンディングに頼るだけでは、健全な経営はできにくいのが実情だと思います。

私のところにも、こうした方法でお金を集めて起業した経営者が相談にこられるケースが出てきています。話を聞くと、事業の推移を見守るとか、結果が出るまでの時間を十分に見る姿勢がなく、とにかく、早く結果を出せといってきたり、事業についても、アレコレ勝手な口出しをされたりするというような悩みがほとんどです。

個人の投資家が起業を助ける「エンジェル」にも同様の傾向が見られます。

少し前の話ですが、エンジェル投資家の支援を受けてエキナカに特化したフラワービジネスを起業したある社長がいました。この社長の場合は、事業は順調に推移していったのですが、ここが勝負時だというところにやってきたちょうどそのタイミングに「1日も早く上場して、提供した資金を大きくふくらませてくれ」と矢のように催促されてしまったのです。

仕方なく、準備不足のままマザーズ市場に上場を試みたのですが、無理がこうじて、ついには倒産してしまいました。

やがて、クラウドファンディングやエンジェルも成熟していき、起業家の実情に寄り添ってビジネスを一緒に育てていくという姿勢をもつようになれば、金融機関と並ぶ資金提供先になる可能性は大いにあると思います。

❖今後に備えて、新マネーテクノロジーについての勉強は必要

クラウドファンディング、直接金融制度は日本では未熟であり、成熟を待つにはまだそれなりの時間が必要でしょう。

私が相談を受けた場合は、すべての資金をクラウドファンディングに頼らず、資金の一部は銀行から調達し、銀行とのパイプをつくっておくことをすすめています。

これまで主に銀行とのつき合い方を中心にアドバイスをしてきた私ですが、そう遠くない将来、新たな金融テクノロジーが育ってくることは予見しています。マネーの世界に大変革が迫ってきていることは否定できない事実だという認識ももっています。

経営者である以上、本やテレビで情報を得たり講演会や勉強会があれば積極的に参加したりして、新時代のマネー事情の動きについて研鑽する努力は必須です。少なくとも、その自覚はぜひ、もってほしいと思います。

▼クラウドファンディングに頼り切るのはまだ危険が大きい。

ただし、新時代のマネーテクノロジーの勉強は欠かせない。

会社をつぶさずに、お金を回せる社長は、

メインバンクは大手銀行のほうがイメージがいい、という思い込みをもっていない。

何事にも〝釣り合い〟が大事です。メインバンクは大手行のほうが企業イメージがいいという思い込みは大きな誤解です。会社の規模を認識しないで、大手行にこだわる姿勢は、金融の事情をよく知っている人の目には「見栄っぱり」、あるいは「金融機関のことをよく知らないのだな」と映り、場合によっては、社長の愚かさを自ら白状していることにもなりかねません。

❖メインバンクとは本当に頼りにできる銀行をいう

メインバンクとはどんな銀行をいうのでしょうか。辞書には、

「企業の経営活動において、その取引銀行のなかで最も多額の融資を受け、人的・資本的に、あるいは情報の上で密接な関係にある銀行をいう」とありますが、私はもっと端的に、次のように説明しています。

メインバンクとは「保証協会付融資でなく、信用貸しをたくさんしてくれる銀行のこと」です。つまり、担保などではなく、リスクを伴う資金をいくら出してくれるか。いざというとき、本当に頼りになるのはこういう銀行です。

リスクのない資金なら、どこの銀行でも、いつでも貸してくれます。

見栄や体裁にとらわれることなく、いざというとき頼りになる、本当に親身になってくれる銀行と親しい関係を構築しておくこと。

これが中小企業の社長としていちばん重要な仕事だ、といってもいいくらいです。

❖身の丈にあった銀行をメインバンクにする

はっきりいって、大手行が積極的に融資してくれるのは、それなりの規模の企業です。

したがって、中小企業がメインバンクとして選ぶ金融機関としては、地方銀行、企業の規模によっては、もうワンランク規模が小さい信用金庫や信用組合が適正だ、といえるでしょう。

企業規模と適正だと思われる金融機関の具体的な目安は、

◆**都市銀行……年商30億円～**
◆**地方銀行……年商数千万円～年商30億円程度**
◆**信用金庫……年商数千万円～年商10億円程度**
◆**信用組合……年商数百万円～年商5億円程度**

というところでしょう。

現在の状況を踏まえれば私は「**地方銀行がねらい目**」だと考えています。

現在、地銀の多くは経営に苦しんでいます。これまでは融資先を探すよりも資金を米国債などの債券運用に回していたのですが、このところの米国の金利上昇で大きな赤字を出した地銀もあります。

金融庁も銀行経営を正したいという思いを強くし、銀行経営の本来である貸出業務に注力するようにと金融検査のマニュアルも大きく転換されています。貸出業務に注力しないと、銀行は逃げ道がなくなってきているのです。

マイナス金利時代、外債で逃げていた地銀や信金、信組は大きな転換を図るほかに、今後生き残る道はなくなったといっても過言ではありません。

つまり、銀行は、これまでよりもずっと「融資したがっている」のです。

融資を受けたい企業、とりわけ中小企業には大きなチャンスが到来したわけです。

将来性をきちんと示し、その将来に向けた戦略をしっかり立てていることを示せば、いまは、資金調達できる可能性がぐんと高まっていることを知っておきましょう。

現在、すさまじい勢いで先端技術革命が進行中です。ＡＩ、ロボット技術の採用など第四次産業革命がひたひたと進むなか、そのための資金を調達できない企業は容赦なく淘汰されていくでしょう。

いまこそ、金融機関との信用関係が大きくモノをいうときです。

❖経営が行き詰まったとき、大手行は淡々と処理して終わり

融資先が倒産することは銀行にとって大きなダメージですから、緊急融資をするなどでなんとか倒産を回避しようとするものです。

しかし、現実を見れば、倒産の危機に立つ企業はすでに経営状況はかなり悪化してい

るわけです。それをどう判断するか。ここで、銀行の考え方、立場が分かれます。

たとえば、5億円の融資がこげついたと考えてください。大手行にとって5億円は致命的な損失ではないので、この企業の今後に明るい希望がもてないとなれば、追加融資を検討しその企業を救おうとするよりも、傷が浅いうちに取引を停止したほうがよいと考えるでしょう。

一方、中小規模の金融機関は5億円の損失も大きな痛手です。ですから、なんとかこの企業をつぶしてしまわないように、最後の最後まで支援し続ける姿勢を失わない可能性が高いのです。

しつこいようですが、企業は倒産したら、そこで終わりです。

倒産し、自己破産した経営者はその先10年ほどはお金を借りられない身分となります。欧米ではあり得ないことですが、日本は現段階では、倒産社長が復活する道は厳しく制限されています。こうした後進国的な制度がとられているため、日本ではチャレンジのリスクが大きすぎ、一度失敗すると、経営者として復活する道は、閉ざされてしまうことになるのが実情です。

こうした現実を踏まえると、会社の規模に見合った金融機関とつき合うことがいかに大事か、をわかっていただけるでしょう。

ちなみに、得意先から入金してもらう口座は大手行のほうが支店も多く、得意先にとっても便利でしょう。この銀行も「取引先金融機関」と明記、大手行とも取引があると印象づけることができるので、リクルート対策など、会社のイメージアップは図れます。

▼無理な背伸びは後々いろいろなところに響いてくる。

売上30億円までなら、

大手より中小の金融機関をメインバンクにしておくほうが

メリットは大きい。

会社をつぶさずに、お金を回せる社長は、

地元の金融機関と積極的につき合い、そのメリットをフルに生かしている。

中小企業の金融機関、特に地域密着型の金融機関とつき合うといくつもメリットがあります。

まず、地銀はその土地の事情に精通しており、地元の有力者と太いパイプをもっているので、融資以外に、地域に溶け込むための人脈づくりなどにも一役かってくれると期待できます。

信用金庫、信用組合はよりきめ細かな地域情報をもたらしてくれ、企業規模によっては、いちばん身近で、いちばん頼りになる金融機関だといえるかもしれません。

そのかわり、こちらも祭りなど地域の行事には積極的な姿勢を見せること。地域の行事に自社の商品を景品として差し入れたり、祭りでは神輿《みこし》の担ぎ手になったりするなど、地域行事に熱心だと、地元の金融機関の印象はぐっとよくなるものです。

地域の金融機関とのつき合いの第2のメリットは、長く強い人間関係を育めることです。

金融機関とのつき合いも最終的には人間関係に尽きます。銀行の担当者と肚を割って話すことができるようになったり、さらに進んで、個人的なことまで相談できる間柄になったりすれば、これ以上心強いことはないでしょう。

人間関係は時間をかけてじっくり育まれていくものです。

ところが、大手行の銀行員は3、4年で転勤していくケースが多いのです。せっかく親しくなりかけたところで地元から去っていってしまう。ふだんしょっちゅう顔を合わせていなければ、人間関係は徐々に薄らいでしまうのが世の常です。

一方、地銀や地元の信金、信組の職員はその地域を離れる可能性はあまりありません。長いつき合いを続けているうちにポストが上がっていき、しだいに組織内での力が強くなっていく可能性も大。そうなれば、いっそう便宜を図ってくれる強い味方になってくれるでしょう。

私の顧問先にも、地元の信用金庫とじっくりつき合いを重ねていたら、初めの担当者が出世していき、理事長にまで昇り詰めたケースがあります。

もちろん、理事長が何もかも采配をふるうわけではありませんが、正直なところ、何かとやりやすくなったことは事実。多様な領域の企業トップを紹介してもらえる機会も増え、有形無形の恩恵はかなり大きいといっています。

金融機関のスタッフと親しい人間関係をつくりたいなら、とにかくしょっちゅう顔を合わせること。ふだんから、こちらからも足を運び、顔を合わせる機会を増やすのです。

特別な用事がなくてもいいのです。

「近くまできたから……」とか「社員旅行に行ってきたんですよ。これ、皆さんで食べて」とちょっとした土産を届けるなどとってつけたような用事でも、わざわざ訪ねてきてくれた、それだけで相手はいい気分になり、その社長に好感を抱くものです。

❖地銀1行という地域では……

身の丈に応じた金融機関、地域に密着した金融機関を選ぶように、といっても地方によっては取引できる銀行の数が少なく、地元の信用金庫や信用組合、あるいは地銀が1

つしかないという地方もあります。

こうしたところでは競争関係がないため、かなり高い金利を設定するなど、金融機関がわが物顔で取引していることが少なくありません。

安倍総理は「地方創生」をスローガンの1つに掲げていますが、地元の銀行の誠意ある支援姿勢がないかぎり、その理念の実現は不可能でしょう。

金融庁も懸命に金融改革を進めています。同時に、地方の金融機関の意識改革も進めていかなければ、地域の中小企業は苦しい状況を抜け出すことはできないでしょう。

近くの金融機関が1行しかないような地域なら、金利が高い・低いなどと文句をいうのではなく、必要なときにすぐにお金が出てくる、そんな固い絆で結ばれた関係性を構築するように注力することをおすすめします。

▼必要なときに担保なしで融資してくれる銀行がメインバンク。大事なのは、自社の身丈と釣り合う銀行を選ぶこと。

会社をつぶさずに、お金を回せる社長は、

3行以上の金融機関を、競わせながらつき合っている。

いうまでもありませんが、メインバンクとよい関係性を築き、保っていくことは、経営の基盤を堅固にするためにも欠かせません。

だからといって、メインバンク1行に取引を集約してしまい、1行としかつき合っていないのは危険です。

ところが中小企業には、この1行取引が多いのです。

1社のみとのつき合いでは、競争原理が働かないために金利は高いし、担保もたくさんとる傾向が見られます。言い方は悪いですが、**銀行が優位に立っていいたいことを押**

し付けてくる可能性も大きいのです。

こんなとき、他の銀行との取引がないとなるとほかに選択肢がなく、不条理だと思いながらも銀行のいうままに従うほかはない、ということになりがちです。

❖地銀合併の流れは今後も進んでいくことを頭に入れておく

『社長の基本』でもふれましたが、地方銀行の再編はさらに加速するだろうと見込まれています。地銀とつき合う場合には、2つか3つの銀行を合併させて1行にするという流れはもはや止めることはできないという考えをおろそかにしてはいけません。

この再編問題は非常に重要な問題であり、多くの地方企業に深刻な影響を与えかねないことも意識しておく必要があります。

合併が行われた場合、取引銀行が吸収する側ならまだしも、吸収される側だった場合、新体制のもとではそれまでメインバンクだった銀行は力を失い、引き続きスムーズに融資を受けるのがむずかしくなる可能性はけっして小さくありません。

最近はむしろ「わが行1行に取引を集約してほしい」と迫ってくる銀行が増えるという流れもあります。そうすれば、「支払いサイトを長くできますよ」とか「増額借入も可能かもしれません」などと、一見、得に見える条件をちらつかせて迫ってくるのです。

その背景には、銀行の苦しさが垣間見えます。少子高齢化で人口が減り、それに伴い市場が縮小し、企業数がどんどん減っているという厳しい現実があるのです。

企業数が減れば、銀行の取引先も減る。その結果、貸出先が減ることになり、銀行の収益基盤はどんどんやせていく。

こうした現状から、既存貸付の集約を図ってシェアを伸ばそう。さらには1行取引にもっていって、銀行側が有利な態勢をつくろうと必死になっているわけです。

銀行はつぶれないという神話はとっくに崩壊しています。銀行もそれぞれ1個の企業である以上、破たん、つまり倒産のリスクを内蔵しています。

もし、取引銀行が破たんしたらどうするか。

社長は常に、最悪の事態を想定し、そのためのリスクヘッジを考えておくべきです。

❖銀行とのつき合いにも競争原理を働かせる

経営者の多くは、金融機関を特別な存在だと考える傾向が強いようです。

私は常々、そしてこれまでの著書でも、「銀行はビジネスパートナーの1つ」だといってきました。銀行も取引先の1つ。つき合う場合のスタンスはあくまでも等位置。イコールパートナーです。銀行がえらいわけではないし、お金を借りているからといって、こちらが下手に出なければならない関係でもありません。

たとえば、納入業者とつき合うときには2、3の取引先に声をかけ、相見積もりをとるなど競争原理を働かせ、より有利な取引をしているでしょう。

金融機関とのつき合いも同じです。複数行とつき合っていれば、必然的に銀行間に競争する意識が生まれます。**銀行とつき合う場合も融資の条件などにも競争原理を働かせ、有利な条件を提示した銀行を選ぶなど、フェアな関係性を取り入れるのです。**

そうして、おたがいにウィンウィンの関係を築いていく。これが金融機関とのベストなつき合い方だという認識をもつこと。これが重要です。

❖銀行によって、あるいは支店長の方針によって会社の見方が変わることがある

貸付先を選ぶとき、銀行が判断の基準にするのは決算書です。決算書を見て、「利益が出ている」「将来も見込みがある」と判断できれば、銀行はむしろ積極的に融資の拡大をもちかけてきます。

ただし、これはあくまでも原則です。

どの銀行も審査方法は一律ではなく、銀行によって、あるいは支店長の方針などで審査方法が変わることもよくあります。

支店長が変わったタイミングには、それまでの担当者などに「今度の支店長はどんなタイプ？」とか「新支店長の趣味は何ですか？」などと話を振ってみましょう。「今度の支店長は積極的な人ですよ。前任地でも新規融資、特に地場産業に力を入れて融資を拡大した実績が高く評価されたようです。で、ワンランク上のこの支店のトップに抜擢されたんです」などという話が聞ければ、こちらからのアプローチ戦略も違ってくるでしょう。

飲食店をチェーン展開しているある顧問先にこんな例があります。

前任の支店長は非常に細かく、融資に対しても慎重なタイプで、積極的なビジネス展開を進められずに困っていました。どんなふうにもちかけても、マイナス要因ばかり指摘してきて、どうにもならなかったのです。

しかし、新支店長は融資に積極的で、新事業もポジティブに理解を示し、「支援しますから、どんどん出店してください」という。**同じ銀行なのに、支店長しだいで対応が180度変わったのです。**

お陰で、この飲食店は賞味期限の切れかかった店舗を閉鎖し、発展性のあるビジネスモデルにつくり替えるなどスクラップ&ビルドを実現できました。

業態変換のタイミングを逸することなく、新しいスタイルの店舗にシフトできたので、低迷していた会社は息を吹き返し、いまでは売上も利益も大きく改善したと笑顔を弾けさせています。

▼必ず複数の銀行とつき合うこと。

また、銀行は取引先の1つだと考え、

それぞれとイコールパートナーとして向き合い、

ウィンウィンの関係を築いていく。

会社をつぶさずに、お金を回せる社長は、

複数の金融機関とつき合う場合のタブーを知っている。

「複数の銀行とつき合うようにしてください」。私がこうアドバイスすると、「2つも3つもの銀行に交渉していることがバレたら、銀行の印象が悪くなりませんか。気分を害されるのはマイナスでしょう？　それに、いくつかの銀行から融資を受けられるようになり、片方の銀行を断るようなことになったら、もっとまずいことになりませんか？」と心配する社長もよくいます。

結論からいえば、まずいことは1つもありません。

どの会社に、どういう目的のためにいくら融資したかという情報を銀行間で共有することはなく、試算表や決算書を出せば表面化しますが、融資時点ではバレることはない

はずです。

ただし、「信用保証協会付融資」（130ページで詳述）の場合は、情報は共有されているのでバレてしまいます。

しかし、プロパー融資で複数の銀行から借入ができた。あるいは1行からプロパー融資、もう1行から信用保証協会付融資を受けられたとしたら「ラッキー！」と両方から借りておけばいいのです。

現在の金融緩和政策がいつまでも続くとはかぎりません。借入できるときに借りておき、余剰資金としておけば、いざというときに効力を発揮します。企業側が借りたい時期と金融機関が貸したい時期にズレがある場合も多いので、資金調達には貸してくれるときには借りておくのが正しい選択です。いつでも借入は返済できるが、いつでも借入はできないのです。

顧問先の1つである物流会社は、私のアドバイスを聞いてから、取引銀行を数行に増やし、以後は、借入するときには必ず数行に声をかけています。

銀行は横並び意識が強く、他行が融資すると聞くと、自行もなんとか融資したいという意識が芽生え、競争意識をもろ出しにしてくる傾向があります。

この社長は銀行のそうした特性を上手に使って、たんねんに複数の銀行と交渉を進めています。その結果、より有利な融資条件を引き出し、融資額もたいてい予想以上の数字を得て、有利に、そしてより多額の資金を得られるようになっています。

❖複数の銀行と交渉するときのタブーはこの言葉!

逆に、複数の金融機関と交渉するとき、うっかり口にしがちな言葉、でも、絶対に口にしてはいけない言葉があります。

それは**「実はA銀行にもお願いしてみたのですが……」**などと、すでにほかの金融機関と交渉したことをいってしまうことです。これは絶対にタブーです。

銀行側も、さりげない様子で、「どこか、よそも当たっておられますか?」などと探りを入れてくることがあります。それにのってはいけないのです。

私は、どの銀行にもこういうように、とアドバイスしています。

「まずは、真っ先にお宅にお願いにまいりました。お宅の銀行はきっとお貸しいただけると考えておりますので……。

ぜひ、なんとかお宅でお借りできるようお許らいいただけませんでしょうか」

ここでひと呼吸おき、「万一、お宅がダメだった場合には、ほかの銀行にお願いに行かなければならないとは考えておりますが……」と続けるのです。

この言葉にはウソはいっさいありません。「まずは」とか「真っ先に」とはいっていますが、けして「お宅だけしか行っていない」とはいっていないからです。

そして、「お宅がダメだったら他行にも交渉に行く」ことも匂わせています。

❖もっといけないのは「運転資金」という言葉

融資の依頼にいくとき、中小企業の経営者はほぼ100%、「ちょっと運転資金が厳しくて……」といいます。

しかし、この言葉を聞いた金融機関はどんな印象をもつでしょうか。

経営者自身は、会社を回していくいろいろな経費はすべて「運転資金」だととらえているのでしょう。しかし、一般に「運転資金」というと使い道がはっきりしない、でも、当面、経営を成り立たせていくために必要なお金、というような曖昧なイメージをもつものです。そして、そうしたお金が足りない➡経営が危うい、あるいは経営者の財務知識が足りないなどとマイナスイメージしかもちません。

そうしたことにならないようにするには、**運転資金の内容が明確にわかるような言葉に置き換えればいいのです。たとえば、「仕入れ資金」でもいいし、「設備投資資金」といってもいいでしょう。**

こうすれば担当者は稟議を通しやすくなり、担当者の立場もよくなるものです。

❖借りられるときに借りられるだけ借りておく

「複数の銀行に融資を申し入れ、それぞれ満額回答は得られなかったが、結果的には必要な資金以上の融資の申し出を得た。こうした場合はどうしたらいいか。必要以上の借入はしないほうがいいのか。そうであるなら、銀行にどう返事をすればいいのか」

という相談を受けたことがあります。

「借りられるときは借りておきなさい」。これが私の回答です。

返済はいつでもできますが、借入はそうはいきません。当面、余分なお金は流動性のよい預金にしておけば、銀行の評価はさらに高くなります。余剰資金は、普通預金か、ごく短期の定期預金にしておくとよいでしょう。

長期の定期預金にしておいた場合、会社のお金回りがしんどくなり、この預金を解約して運転資金に回そうと考えても、銀行が「定期を解約させない」ことがあるからです。担保に入っていなくても、です。

これは、会社の運営をあやぶんだ銀行が「定期だけは押さえておこう」とする、ある意味、いやがらせとしかいえないのですが、実際にこういうケースはあり得ます。その結果、資金詰まりになってしまったという会社もあるのです。

もちろん、借入金の金利負担はありますが、それは必要経費だと考えればいいのです。

▼融資を依頼するときのタブー語を心得ておくこと。

銀行の担当者の立場がよくなる依頼法があることも心にとめておく。

会社をつぶさずに、お金を回せる社長は、

借入銀行で手形を振り出す危険を知っており、入金口座も借入銀行とは別の銀行にしている。

1行取引が危険だという理由はほかにもあります。

意外なことに、ほとんどの経営者は、借入銀行も手形を振り出す銀行も、入金口座も同じ銀行にしておいて平然としています。

私にいわせれば、これほど危険なことはありません。

手形は手元にお金がないので「いついつ支払う」と約束して振り出すものです。しかし、もし、支払い期日がきたときに、振出人の預金残高が1円でも不足していれば、受取人は額面全額は受け取れず、その手形は不渡り手形になります。

6か月の間に2回以上、不渡り手形を出すと、「銀行取引停止」の処分を受け、すべての銀行に不渡り報告（不渡り手形を出した者の名前を通知すること）が行われます。

この処分を受けると2年間融資を受けることができなくなり、上場企業の場合は上場も廃止されます。

「銀行取引停止」処分を受けると資金繰りはさらに厳しくなり、ほとんどの場合、事実上、倒産とみなされてしまいます。

借入している銀行で手形を発行した場合に、その銀行への借入返済を止めて、銀行ともめることがあったとしましょう。銀行は倒産させたいわけではないのですが、お金がその銀行の口座に入った瞬間に手形決済資金を借入返済資金に変更し、資金を回収しようとします。

銀行としては、何よりも借入金の返済が優先されるのです。

その結果、手形決済はできなくなり、不渡りになって倒産、ということになってしまうわけです。

❖入金口座は借入銀行と別の銀行に開設する

こんな当たり前のことがわからないまま、社長の座に座っているなんて！　と誰でも気づきそうなことなのですが、会社の入金口座を借入銀行に開設している社長は相当に多いのが現実です。

借入銀行に会社の入金口座があると、銀行はどこから、いつ、いくら入金があるかをただちに把握してしまいます。

賃貸事業ではほとんど借入銀行に家賃の入金口座をつくります。ほとんどの銀行が「テナントの家賃もうちの銀行に振り込むようにしてください」と要求するからです。これでは、借入金の返済が滞りそうになったとき、どうぞ、入金口座を押さえてくださいといっているのも同じです。銀行は、家賃分収入の差し押さえがすぐにできるように情報を収集しているというわけです。

入金口座をできるだけ分散させておくことも非常に重要です。経営者として肝に銘じておきましょう。

子会社や関連会社の取引銀行を分散させておくことも重要なポイントです。

取引銀行が同じだと透明性が増すというメリットはありますが、同時に、銀行が担保率を確保したり、本体の会社に保証を求めたり、銀行側にとって有利な貸し方を提案してくることがよくあるからです。

会社ごとに取引銀行を分散しておけば、そうしたことを防げます。

こうして銀行を分散して、銀行ごとに担当者名、渡した書類などを明記し、ファイルして日頃からきちんと管理しておくようにします。それができていないと、銀行に突っ込まれたとき、取引上不利になるようなことまでうっかり口にしてしまうようなことが起こらないともかぎりません。

銀行と交渉するときには、少しの齟齬《そご》も起こらないように、こちらも万全の備えで臨まないとヤブヘビになることもある、と心にとめておきましょう。

❖社長の個人口座を会社の取引銀行に開設しない

社長の個人口座を、会社の取引銀行につくっているのであればこれも危険、というより、無神経だといいたくなります。

個人情報をむやみに明かさない。これは現在では常識ですが、それは外部にもらさないというだけで、銀行内の個人口座の出入りを銀行が知らないはずはないと思わないのは不思議です。

貸出をする場合、銀行は個人情報も集めて審査します。個人情報を集めて管理、利用するのはお手のものだと考えていなければいけません。

取引銀行に口座があれば、社長個人はどんな入金がいくらあって、どんな支払いをしているか。預金の引き出し、キャッシュカードの引き落とし、他行への振り込みなどもいつでも追跡できます。口座の記録は社長の活動をリアルに物語る、強力な個人情報特定ツールだと認識すべきです。もちろん、配偶者の個人口座がその銀行にある場合も同様です。

個人の資金を借入銀行に預金していた社長が会社の調子が悪くなったとき、銀行はこの預金を担保に入れるようにと要求してきました。実際の預金を握られてしまっているので、社長は銀行のいうままにならざるを得ず、結局は倒産してしまった例もあります。

▼会社の入金口座、

社長の個人口座は借入銀行とは別の銀行に開設する。

会社をつぶさずに、お金を回せる社長は、
銀行のほうから営業にくる、そんなテクニックを知っている。

経営者、特に中小企業の社長は、銀行に対して過剰にビビリだと感じます。

前述したように、金融機関も1つの企業であり、しかも現在の金融機関は大は大なり、小は小なりにきわめて厳しい経営環境に置かれています。超低金利時代が長く続いているため、銀行の利益構造は成立しづらくなりつつあり、資金需要もしだいに細くなっているという実情もあります。そのうえ、超金融緩和で資金はダブついているのです。

少子高齢化による市場の縮小、人手不足、後継者不足で廃業も多く、将来の貸付先が激減していくであろうことを肌身で感じています。ですから、現在、どの金融機関も躍起になって新規の貸出先を探しまくっているのが実情です。

そうした事情を知っておき、思いきってこちらから平身低頭で融資を依頼するというスタンスをやめ、銀行のほうから「ぜひ、当行とおつき合い願いたいのですが……」と営業にやってくる、そんな企業になろうという気概をもつべきです。いまはその好機だと考えましょう。

銀行が新規の営業をかける先は、それまで取引実績のある優良企業に紹介されて、あるいは、帝国データバンクによる企業の点数評価、ネット情報などのさまざまな情報を合わせて見当をつけていることが多いはずです。こちらから帝国データバンクに情報を提供した結果、銀行からの営業が増えてきた得意先もあります。また、ちょっとした縁でもいいから、取引したい銀行と関係がある優良企業とつながりがあったら、ぜひ、紹介してほしいと頼んでみることです。こうした積極性は必ず、相手を引きつけます。

❖〝お金を寄せて〟お金回りのよい企業だと印象づける

いま取引のある銀行における自社の評価を上げて、銀行のほうから自社に足を運んでくるような企業にしていくという方法もあります。

私はよく「その銀行にお金を寄せなさい」といっています。

「お金を寄せる」とは、口座のお金がよく動いている様子を見せること。具体的にいえば1000万円、2000万円、3000万円とその口座にしょっちゅうお金が入金される。それを引き出して、少しおいてまた振り込む。それでもいいから、その口座にお金がよく集まっているように見せるわけです。

3000万円、5000万円と大きな金額の定期預金をつくり、「あ、この社長は、うちの銀行をよく使ってくれている」という印象を与えるのも効果的です。前に、借入銀行に定期預金をするのはまずいと書きましたが、半年か1年程度の短期定期預金なら、問題はありません。

こうして、いい取引先だと思うようになれば、銀行のほうから「一度ご挨拶に伺いたいのですが、いかがでしょうか？」と連絡してくるはずです。

▼いま、銀行は取引先を求めている。
口座のお金を盛んに動かす、大口定期をするなど、
銀行から見て魅力のある企業であることをアピールしよう。

会社をつぶさずに、お金を回せる社長は、

会社のミッションが明確で、明るい将来像を描いている。

融資を依頼するときに「苦しい」「厳しい」というばかりではうまく借入はできません。決算書を提出している、決算書の内容はけっして悪くない。そういって融資は当然受けられると思っていても、思いどおりに事が運ばないことも珍しくないのです。

銀行が何よりも知りたいのは、その会社の将来がどうなるかという展望です。先が見えないとか、先が知れているという企業には銀行も魅力を感じないはずです。

❖自社のミッションを具体的に認識している

私は相談に見えた方には、必ず「あなたは事業を通じて社会に何を提供したいのですか？」と尋ねます。

社会に何を提供するか。つまり、その会社の社会的ミッションを自覚しているかどうか。これが大事です。ミッションなしで、ただお金を稼ぎたいと思った。そんな会社が成功するほど世の中はあまくありません。

起業するときはたいていの社長は、「こうしたビジネスを展開して社会の役に立ちたい」という思いをもっているはずです。

「最近はこういう商売がトレンドで儲かっているらしい。自分もその流れにのって一儲けしたい」というような気持ちから事業をスタートさせた。こんな二番煎じ、三番煎じで成功した経営者はいないと断言できます。

ミッションを自覚し、会社の存在意義をしっかり自覚している経営者ならば、会社の将来像を描いているし、その将来像を熱く語りたいと思っているものです。

融資の依頼に行った銀行で、その将来像を熱く語れば銀行の心も動き、「ぜひ、融資したい」と気持ちを動かされる銀行員は少なくないはずです。

銀行員だって将来に向けた明るい夢をもちたいと願っているからです。自分が担当した企業が5年後、10年後、大きく育った姿を見ることを生きがいにしている銀行員も少なくありません。

孫正義氏のビジョンに惚れ込み、支店長権限枠の10倍の融資をした銀行支店長

いまや日本経済を牽引する企業の1つとなったソフトバンクは、孫正義氏がまだ学生だった時代、自ら開発した「音声機能つき自動翻訳機」をいろんな企業に持ち込み、シャープがこれを1億円で買い取った、その資金を元手に起業した会社です。

実は、この話には裏話があります。孫氏がさらにソフトの流通など事業を拡大しようとしたとき、どの銀行も無名の孫氏に融資しようとはしませんでした。

このとき、融資実現に一役買ったのが、シャープの佐々木正氏と第一勧業銀行麹町支店の御器谷正之支店長（いずれも当時）です。

佐々木氏は、「翻訳機」を買い取ったとき、「これから必ず起こる情報革命を通じて人類と社会に貢献したい」と熱く語る孫氏に心を動かされ、銀行に「孫をよろしく頼みます」と話したそうです。万一、融資が実現しなかったら、自宅と退職金を担保に入れようと肚をくっていたというから、並大抵の応援ではありません。

御器谷支店長も孫氏の強い社会的使命意識、さらにはビジネスの将来性をしっかり見据えている姿勢にほれ込み、その当時の支店長権限枠の10倍の1億円の融資に踏み切ったのです。

孫氏はこの2人に深く感謝し、毎年、ソフトバンクが設けている「(創業期の)恩人感謝の日」に感謝する人にノミネートし、それぞれに豪華な花を贈り、いまも心から感謝を表することを怠っていないそうです。

いまではこうした気概のある銀行員はマレになってしまったかもしれません。

でも、社会的な使命感や明るい将来ビジョンが銀行を動かすことは実際にあります。

多少の大風呂敷でもかまいません。私の得意先でもビジョンを描き、銀行に堂々と話せるようになったら、融資が下りたと報告してくる会社が出てきています。

▼銀行が知りたいのはその会社の将来ビジョン。
明るく発展していくことを印象づける将来像を熱く語れば、
銀行のほうから融資したいといってくる可能性も大。

会社をつぶさずに、お金を回せる社長は、
銀行から何かいわれた場合は理由を尋ね、じっくり考えてから行動に移している。

銀行が何かいってくるたびにビクビクおびえ、「先生、こんなことをいわれましたが、どうすればいいのでしょう」と相談にこられる社長がよくいます。

「銀行から、これこれの書類を提出するようにといわれましたが、どうすればいいのでしょうか」と駆け込んでくる社長も少なくありません。

中小企業の社長の多くは銀行には強い姿勢がとれず、それどころか銀行の行動に一喜一憂して、どんな動きにも、この先借入できるのか。この先、支援を続けてくれるのかと不安になってしまうようです。

❖ なぜ、その書類が必要なのか、銀行に質問してみる

そんなとき、私は相談にこられた社長にこう質問します。「何のためにその書類を提出しなければならないのか、銀行に聞いてみたのですか?」

驚いたことに、ほとんどの社長は、何も質問していません。

銀行が求める書類とは、多くの場合、資金繰り表や事業計画書などでしょう。それを求めるのには必ずそれなりの必要性があるはずです。

何かいわれたら、次のことを必ず聞くようにしましょう。

◆その質問はなぜされたのか?

◆その質問に回答したら、どうなるのか?

◆その提出する書類は、何に使うのか?

◆その提出する書類は、どこに提出するのか?

これらの質問に対する回答を得ないかぎり、こちらは返事をしたり、要求に応じたりすることを控えていればいいのです。

理由もわからないのに、銀行が「もってきてください」といわれるままに、あわてて

準備をして出かけるのは拙速にすぎるといわれても仕方ありません。

また、「こういう理由で必要なのだろう」などとこちらサイドで解釈して納得してしまうのも危険です。必ず銀行側に質問し、答えはできるだけ書面に残して、手元に残しておく慎重さがあってもいいのではないかと思います。

❖銀行との交渉、渡した書類など、つき合いのすべてを記録に残しておく

中小企業の場合、ほとんどが、取引銀行に、いつ、どの書類を渡したか、記録さえしていないのです。なぜ、こんな「基本のキ」さえできないのか、と頭をひねりたくなるくらいです。

前にも書きましたが、**必ず、取引銀行ごとにファイルを作成し、銀行との連絡内容、担当者名、話した内容を記録したもの、書類を渡したならばその書類名などの記録を残すことを守ってください。**

銀行側は、これまでの交渉の経過から提出された資金繰り表やその他いっさいをきちんと整理して保管しています。それを見て、これまでの経緯、融資実績、返済状況などをすべて頭に入れて交渉に臨んでいます。

こちらはこれまでのことなど詳しく記憶していない……。

これでは勝負になりません。

話している間に、以前話したことと食い違いが出てくれば、銀行は鋭くそこを突いてくるでしょう。こんなことから、うまくいきかけた融資話がご破算になってしまうことはよくあります。

❖銀行にすぐ返事をしなくてもいい

銀行から何かいわれたり、何かを求められたりするとすぐに返事をしてしまう経営者も多いものです。でも、急いで返事をする必要はまずないと考えていて間違いありません。

とにかく、ちゃんと納得できるまでは急いで返事をしないこと。いったん返事をしてしまうと、後になって、それが自社に必ずしも利がないとわかっても、銀行側の提案を覆すことはできにくくなってしまいます。

▼銀行にいわれるままにあわてて行動する必要はない。
じっくり腰を据えて、こちらのペースでつき合っていく。

会社をつぶさずに、お金を回せる社長は、

支払いの優先順位は得意先・税金、それから銀行への返済だと心得ている。

おしゃれなファッションブティックを展開しており、かなり知名度もある会社の社長が相談にこられました。

創業から20年、これまでは右肩上がりで成長、銀行も積極的に支援してくれ、支店網は首都圏を中心に30店以上に拡大。順調な軌道を描いてきたといいます。

ところが、最近になって競合店が増え、また、若い世代の顧客がネットショッピング中心に移行するなどで売上が陰り出し、最近は赤字店舗も出てきたそうです。

赤字店舗は撤退したほうがいいか。また、資金繰りが苦しくなっているのだが、打開策は？　というのが相談の主旨でした。

うかがうと、衣料品販売店の出店に際して3～5年の返済という条件で借入しているのです。これでは行き詰まるのもムリはありません。投資金額を3～5年で回収できるほど高収益でなくなっているからです。

私自身、かつて飲食店を何店も経営していたことがあります。飲食店は必ず客に飽きられるという宿命を背負った業態です。たえず革新を仕掛けていかないと繁盛し続けることはむずかしいのです。これは、アパレルだけでなく、販売業すべて、飲食店などにも共通する課題ではないでしょうか。

変革もせず10年続けられる飲食店、販売店はほとんどないでしょう。

理想をいえば、2、3年ごとにリニューアルするなど、店の印象を変えないと、お客の心をつかみ続けることはできないと考えるべきだと思います。

ところが多くの店はメニューなどのリニューアルを考えるよりも、価格を引き下げたり、クーポン、ポイントの導入をしたり、事実上の値下げに走ります。その結果、利益率が下がり、手元流動性が苦境に陥ってしまうのです。

このブティックの場合も、こうした経緯をたどり、ついに銀行から追加融資を断られてしまったと苦しそうに語ります。

「これまでの利益やストックはどう使っていたの？」と聞いたところ、「銀行の融資を継続してほしいから、とにかく銀行の返済を最優先してきました」といいます。

こうした考え方はこの社長にかぎったことではありません。多くの社長が、何をさておいても銀行に返済しなければならない、と思い込んでいるのです。

❖税金、社会保険料の滞納は絶対にバツ

税金や従業員の社会保険料を滞納している事実が判明すると、銀行の態度はとたんに冷たくなる、と考えて間違いありません。新規の融資を申し込んだ場合はもっと望みがないと断言しておきます。

取引先への支払いも滞らせることがないように配慮すべきです。取引先があるからこそビジネスができるのです。**取引先と自社は「共存共栄の関係」だという揺るぎない認識をもっていなければいけません。**

税金や社会保険料の支払いを滞るのは、社会的責任感が希薄なのだと見られてしまう要因になります。

加えて、税金の延滞金は延滞期間などによって違いますが、およその目安は、「本来納付すべき本税額（1万円未満切り捨て）×延滞税の割合×日数÷365日（1円未満切り捨て）」で計算できます。かなりの高率であることに驚くでしょう。

社会保険料を延滞した場合も、もちろん延滞料が課されます。

会社をつぶさずに、お金を回せる社長は、手元がきついときは、銀行の金利だけ払っている

資金繰りがしんどくなると、多くの企業は、銀行の返済金だけは入金しておかないと、次のお金が借りられなくなるとか、銀行に何をされるかわからないとビビってしまい、社会保険料や税金を滞納します。これらは延滞しても、すぐにアレコレいってこないからです。

一方、取引先や銀行はすぐに催促したり、連絡が入ったりします。それで、つい、すぐに催促がこない社会保険料や税金の支払いを延滞してしまうのでしょう。

最近は社会保険料も非常に厳しくなり、ある期間が過ぎると差し押さえをしてくることもあります。

税金はいうまでもなく、差し押さえを徹底的にしてきます。税金の未納から倒産に追い込まれていく可能性もあるくらいです。

このため、税金、社会保険料、取引先への支払いを優先した結果、銀行への返済金が不足した場合は、交渉次第で金利だけ支払っておけば当面は乗り切れます。

金利を3か月以上支払わないと「期限の利益の喪失」といい、借りたお金を自由に使うことができなくなります。

「期限の利益」とは、債権者が「お金を返してくれ」と請求してきても、借りた側は貸した側の事情に縛られず、貸した側の要求に従う必要もない、ことをいいます。

3か月間金利を支払わないと、この「期限の利益」を喪失してしまいます。

「期限の利益の喪失」が起こると、契約にある「残金を一括返済するように」と請求がきます。金利の支払いにも困っている状態なのですから、「残金の一括返済」などできるはずがありません。

すると銀行は担保資産の差し押さえなどの法的処理ができることになるのです。

こうならないために、**金利だけは支払い続けること**。金利さえ支払っていれば、「期限の利益の喪失」に至ることはなく、銀行は何も仕掛けることはできません。

いよいよ追い詰められ、金利の支払いもできなくなっても、打つ手はまだあります。どんな場合もあきらめず、絶対に会社は倒産させないと決心して、次の策を探すのです。金利の支払いもつらくなったら、信用保証協会付融資ならば代位弁済を求め、それが実現すると元金だけを、支払える範囲で支払うという交渉ができます。プロパー融資の場合には債権をサービサー（債権回収会社）に売却して、少額で債務処理を行うなどの、次の一手があります。

すぐにあきらめるのではなく、再起するためにどうすればいいかを考え、実行することです。

▼お金が足りないとき、まず避けるべきは税金や社会保険料の滞納。
銀行には金利だけでも支払い続ける。

会社をつぶさずに、お金を回せる社長は、

信用保証協会付融資をプロパー融資に転換させている。

銀行から融資を受ける場合、借り手にとってはプロパー融資のほうが絶対に有利です（既刊本『社長の基本』で、融資には信用保証協会付融資とプロパー融資があることは詳しく述べました。できればもう一度お読みになって2つの融資の違いを再確認してください）。

できるだけプロパー融資を引き出すこと。信用保証協会付融資を受けている場合は、極力、プロパー融資に転換するように努めましょう。

プロパー融資を望むなら、まず、利益をきちんとあげ、銀行側が「これならプロパーにしても大丈夫だ」と信用してもらえる企業体質に整えておくことが先決です。

そのうえで、融資をしたいと銀行からいってきたら、必ず、抱き合わせてプロパー融資を検討してくれないか、といってみるのです。

「他行からも同じように融資の打診があり、プロパー融資も抱き合わせでお願いしたいといってきているんです」くらいのことをいってみてもよいでしょう。

前にも述べましたが、銀行にも競争意識があり、最初は考えていなかったプロパー融資を検討し始めることがけっこうあります。こちらから仕掛けないかぎり、銀行は安全策の信用保証協会付融資だけを推し進めてくるでしょう。

そんな銀行側の思惑など知らぬ顔して、借り手であるこちらから仕掛けていく。

どんな勝負も、先に仕掛けたほうが、圧倒的に有利に立つものです。

いったん、信用保証協会付融資で借りてしまった場合は、プロパー融資を増やしていき、借入金全体のなかでの保証協会付融資のウエイトを小さくしていくようにしましょう。

❖プロパー融資を得て信用保証協会付融資を返済するときのテクニック

なんとしてもまず、信用保証協会付融資を返済したいと思ったときには、頭を使って返すようにしましょう。

銀行経営では3月の本決算、9月の半期決算の数字が大事です。その数字をあげるために、この両月に融資を拡大する傾向が見られます。

こうしたときなどにうまくプロパー融資のお金が借りられたとしましょう。このお金で、以前借りた他行の信用保証協会付融資を返してしまうのは、プロパー融資の融資目的外だからできないのです。

では、お金を返すことはできないじゃないかというと、実はそうではありません。仮に3000万円、プロパー融資によるお金が入ってきたら、そのお金を1000万円、2000万円と他の銀行に振り分けながら少し時間を置き、タイミングを見計らって「3000万円を返しますね」といって返済すればいいのです。これならOKです。

実際に、このようにして信用保証協会付融資を返してしまったある企業があります。複数の店舗をもつ靴の販売業の方で、自社ブランドの紳士靴・若者に人気がある入手が困難な海外ブランドのスニーカーの品揃えに注力し、ぐんぐん売上を伸ばしていました。

書店で目に止まった私の本を読み、「信用保証協会付融資はできるだけしないほうがいい。もし、あるなら、少しでも返済し、その割合を小さくしておいたほうがいいとわかった」といって、実際に私のところにこられ、顧問を依頼されました。

その後、私のアドバイスもあって、A銀行、B銀行、C銀行と複数の銀行からプロパー融資を上手に引き出し、そのお金を他の銀行に入れたり、出したりと、どこからの入金かトレースできないくらい何度も繰り返した後、D銀行にあった大きな金額の信用保証協会付融資を返済してしまいました。

▼信用保証協会付融資は、
できるだけ借り手に有利なプロパー融資に転換する。
そのためにできる努力はすべてする。

会社をつぶさずに、お金を回せる社長は、

リスケはいわばカンフル剤。慎重なうえにも慎重に取り組む。

お金の流れが悪くなり、会社のお金がうまく回らなくなると「毎月の返済額がもう少し少なければ」という考えが頭をよぎることもあるでしょう。

そんな虫のよい話が……といいたくなりますが、毎月の返済額を減額する方法はあります。しかし、返済額を減額しようとすれば、必然的に返済期間が長くなります。いわゆるリスケ（リスケジューリング＝rescheduling）です。

ほとんどの社長はリスケは初めての経験であるはずで、リスケはどうやって銀行と交渉すればいいのか、どのように進めるのか、不安でしょう。

もちろん、自由にリスケできるわけではなく、銀行に「経済合理性がある」と判断されることが大前提です。

リスケは以下の手順で進められます。

多くの場合、リスケは借り手から申し出ます。

申し出があると銀行は金融庁の監督方針や検査マニュアルに基づき、「経営改善計画書」を作成するように求めてきます。

「経営改善計画書」はおおむね3～5年以内に債務超過を解消して黒字化にもっていくための改善計画書ですが、よく見るとたいてい、内容はただの借入金返済計画にすぎず、実のところは「銀行にリスケを認めてもらうための数字合わせ」です。

これを見て、自社の将来はこうなると安堵するのは間違いです。計画どおりいく企業はごくごくマレです。

❖認定業者は机上の改善計画しかつくれないと考える

「経営改善計画書」はたいてい銀行指定の認定業者に依頼して作成します。認定業者は銀行のOB等の中小企業診断士や大手のコンサルタント会社や税理士・会計士であることが多く、数字のうえだけの改善計画で、いわば机上の改善計画にすぎません。

彼らの多くは経営の体験がなく、指導者、つまり先生という意識をもっているため、借金に苦労している中小企業の経営者を「経営能力が足りないんだ」とどこかで軽く見ていることも少なくありません（本当に寄り添って親身になってくれる方もいますが）。

ですから、やむを得ず、リスケを申し出る場合も、**「経営改善計画書」は社長が主体になって考え、本当に将来、会社が発展していくための計画書をつくるようにすべきです。**

もともと、本来はその会社のことがよくわかっている銀行員と社長が命がけで作成すべきものです。外部に任せて短期間で作成し、それで経営を改善できるなら、とっくに改善できているはずではありませんか。

なお、リスケをするときには準備手続きの一環として、以下のことも注意しておく必要があります。

◆無担保物件などは追加担保を求めてくる。
◆追加保証人を求めてくる（役員になっている親族など）。
◆定期預金も担保に入れるようにいってくる。
◆会社で掛けている経営者保険の質権設定（質権設定とは、経営者が保険等に加入すると、万が一のとき、社長が死んだら会社に保険金が入ります〈普通はこれを退職金にします〉。その保険金の受け取りを質権設定することで銀行が受取人になるのです）を求めてくる。

◆その他リスケ後の再生が成功しなかったときの対応策を講じておく必要がある。

厳しい言い方になりますが、これを直前になってするようでは、銀行の理解は得られないでしょう。少なくとも、リスケをする半年ぐらい前から準備をしておく必要があると心得ておくことが必須です。

❖リスケした中小企業のほとんどが再生していない

リスケをすれば、元金の返済額が減額されるので、たしかに一時的には経営は楽になります。そのため、経営が厳しくなると、リスケを考える中小企業の経営者が増えているわけです。

しかし、リスケすると、

◆リスケ期間中は新たな融資が受けられない。

◆リスケした経営者は、「不良債権（破たん企業）候補」とみられる。

というハンディを背負うことになります。

多くの場合、リスケをしてから期間延長をするときに、銀行は自宅を担保にしてほしいとか、信用保証協会付融資の保証料を引き上げるなどといってくる可能性があります。その結果、リスケした企業はかえって窮地に追い込まれていきます。

リスケから立ち直れないのは、リスケで浮いた資金をすべて銀行が返済原資に回し、企業として新規投資もできない状況になってしまうからで、結局、打開策がなくなってしまうためです。

同時に、リストラや経費削減策を強要され、日増しに体力が弱ってきてしまいます。したがって、リスケをした企業のほとんどが正常債権に戻ることはないのです。

考えようによっては、リスケをするなら、万一のことを考えて、その後の生きる道を考えておかないと、いつまでもしんどい状態から抜け出せません。

本来、企業再生するには新たな資金が必要です。会社構造改革をするべきですが、ただ経費削減やリストラばかりの策しかさせてもらえないのがほとんどです。

▼「リスケ」は窮余の策。デメリットもある。

安易なリスケは自ら首をしめる結果になることが多い。

会社をつぶさずに、お金を回せる社長は、

戦略的にリスケをする3つのポイントを知っている。

とはいえ、リスケは、経営が厳しくなったときには〝頼れる〟方法の1つであることも事実です。

リスケも戦略的に行えば、一時的にせよ、資金繰りが繰り延べされ、〝ほっと一息〟つけます。この間に経営の本格的な立て直しに向かい、具体的な方策を進めるならば、リスケは十分に有用な経営施策の1つになり得ます。

以下の3つは戦略的なリスケを行うポイントです。

①リスケの前に融資を申し込む

銀行には初めに「リスケ」ではなく、「追加融資」を申し込みます。「融資していただけなければ、リスケしかできなくなります」という論法が含まれています。

経営計画書と資金繰り表をもとに銀行にかけあっても、もちろん、経営状態が厳しいことは銀行に知られているので、融資は受けられないでしょう。

銀行側も取引先の倒産は困るので、「では、リスケはどうでしょう。リスケなら応じられます」といってくるはずです。相手が持ち出した方策ならば、その後、追加担保や金利の引き上げなどをいってくる可能性は低くなります。

仮にそれらを求めてきた場合には、勇気をもってきっぱり断ればいいのです。

②返済額をできる限りゼロにしてもらう

毎月の返済額が100万円だったとします。これがきびしい。すると、真面目な社長は「毎月の返済額を半分の50万円にしてください」と依頼します。

しかし、50万円ぐらい減額してもらったところで、焼け石に水、ではないでしょうか。

ですから、思いきってこう交渉するのです。

「毎月の返済額をゼロにしてください。そうでないとお金が回りません」と主張するのです。

もちろん、そう主張するだけの復活するための事業計画を見せます。つまり、この資金がないと会社を構造改革して再生できないというストーリーをもった計画が必要になります。

いうまでもなく、こうした交渉のときには借り手側の社長はあくまでもお願いする姿勢を示し、間違っても上から目線の物言いや開き直ったような態度はとってはいけません。

③リスケ後の余分な資金をプールしておく

考えたくはないでしょうが、リスケをしても会社を立て直せなかった場合も想定し、対策を講じておきましょう。

多少でも返済が楽になり、運転資金に余裕ができたら、それはちゃんとプールしておくべきです。今後、何をする場合にも「資金（お金）」がなければ手も足も出なくなると肝に銘じておいてください。

▼「リスケ」をする前に、この3つのポイントをしっかり頭に入れておく。
そして銀行の意向どおりにならず、
あくまでも自分のペースで交渉を進めていく。

会社をつぶさずに、お金を回せる社長は、

プロラタ方式で返済を行うとき、おたがいが本当に納得できる配分を考えている。

リスケを実施するにあたり、元金の返済額を決める際に「プロラタ」という言葉を聞くはずです。

「プロラタ」とはラテン語の pro-rata。比例配分という意味で、「プロラタ返済」といった場合、具体的には「貸出金額に応じた比率で元金を振り分ける」返済法をさします。

たとえば5つの銀行に借入金があり、一方、自社の返済能力は月に100万円だという場合に、どの銀行にいくらずつ返せばいいか。このとき、各銀行の借入金額に応じて

100万円の返済額を按分して割り振り、返済する方法が「プロラタ」方式です。

プロラタ方式は一見、平等だと見えますが、担保カバー率や信用保証協会付融資率など、リスク度の違いがあり、数字上の表面的な平等＝真の平等ではないこともあります。

また、借り手側はコストの高い保証協会付融資を優先的に返済したい。貸し手側はリスクの多いプロパー融資を優先的に返済してほしいなどと立場により考えが異なることがあり、表面的な数字のみでプロラタを行うとかえって不満が大きくなることもあります。

また、各銀行の足並みがそろうことはむしろマレで、「プロラタで返済しましょう」となったとき、銀行によっては不平不満を言い出し、うまくいかない場合もあることを知っておきましょう。

リスケを行う場合も5つの銀行すべてがリスケを行うことを了承、始める時期も同じになるように調整するなど、全行が納得できる最適な組み立てでリスケを行わなければなりません。

▼表面的な数字を平等にすること＝各行が納得できる数字とはかぎらない。

プロラタ方式の返済額を決定する場合はここに注意する。

会社をつぶさずに、お金を回せる社長は、

手形貸付、当座貸越など、返済負担の軽い資金をうまく活用している。

私が経営アドバイスを始めてあらためて驚いたのは、中小企業の経営者たちがあまりにも金融、銀行との取引について知識不足だという現実を知ったことです。

多くの経営者は銀行から融資を受けるときも「困った、困った」と泣き言をいい、返済がきつくなってくると「とにかく助けてくださいよ」とこれまた泣き言です。

本書でも繰り返し書いてきたように、企業の経営者と銀行はイコールパートナーなのです。おたがいがウィンウィンの関係になるのが理想で、どちらかが優位に立つという関係ではよい方向性には向かわない、と考えなければいけません。

イコールパートナーとしてつき合っていくためには、経営者もまた金融取引について、

相応の知識をもってほしい、いや、もつべきです。

金融の知識も実践的な知識がないといざというときには役に立ちません。銀行員が教えてくれる金融の知識も必要ですが、さらに重要なのは経営者側に立った金融の知識をもつことです。

関心があるならば、私もセミナーを行っています。必ず参考になると思いますので、ぜひ、ご参加ください。

❖短コロがまた増える傾向に

中小企業の多くは、返済能力以上の借入返済を抱えています。そのため、利益は出ているのに資金が回らないことがよくあります。

その事情は金融庁もわかっており、金融機関に返済負担を軽くして、中小企業を支援するように求めています。

このとき、使われるのが短コロなどの方策です。そうした策を知っておき、こちらから金融機関に願い出ると道が開けやすくなるはずです。

「短コロ」とは「短期継続融資」のことで、1年以内の融資契約をいいます。実際には元金を返済することはほとんどなく、金利だけを支払い、融資は継続的に借り続けられます（このため、資金を「コロがす」イメージがあり、短コロと呼ばれています）。

元金分を返済しないため、資金繰りが安定する効果があり、中小企業や個人事業主にとってありがたい借入です。

短コロはかつてはよく行われていましたが、バブル崩壊で一時期、ほとんど行われなくなっていました。しかし、2013年に金融庁が、金融緩和の一環として「正常運転資金に対して短コロで対応することはなんら問題ない」と認めたことから、最近、また短コロが行われるようになってきています。

❖短コロで毎月の返済を減らせる資金を調達する

短コロは普通、「手形貸付」や「当座貸越」という形で行われます。

「手形貸付」は貸付先から約束手形を出させ、その額面を融資するもの。「当座貸越」は、あらかじめ融資限度額を設定し、その範囲内であれば借り入れできるという融資です。

「当座貸越」は資金に余裕ができたときには、まとめて返済することができる、自由度の高い貸付です。

また、社債を取引金融機関からすすめられたら、ぜひ取り組んでください。そうすることで会社の格付けが上がり、他行からさらに融資話がきます。

短コロが多少増えてくる傾向が見られるとはいえ、金融機関は、短コロではなく、利益が確保しやすいリスクの少ない信用保証協会付融資で長期貸付をすすめることが多く、本当の意味での中小企業の実情に合った資金需要に応えられているとはいえないのが実情です。

▼短コロなど、金利負担だけで借りられる資金に転換し、経営のフットワークを軽くしていく。

会社をつぶさずに、お金を回せる社長は、

中小企業再生支援協議会での再生の現実を知り、うまく利用する知恵をもっている。

金融庁は、融資に際して個人保証をはずすようにと指導していますが、実際はなかなかうまくいっていないのが実情です。実際は、業績の悪い会社や将来に不安を感じる会社に対しては、社長の個人保証を絶対にはずそうとしません。

銀行は上場企業や大企業には個人保証を求めてきません。それなのに、体力のない中小企業には、個人保証を求めてきます。そうしたなかで、私の顧問先のなかには、個人保証をすべてはずしている企業があります。

個人保証をはずすには、とにかく、業績をよくして、将来性のある会社にすることです。そのうえでまず1行、個人保証をはずします。

具体的には、融資を依頼するときや、借り換えの時期などのタイミングに、個人保証をはずすことを条件として提示してみるのです。

銀行のほうから「個人保証をはずしましょう」といってくることはまず、ありません。いわれないことはしない。そういうスタンスの行員が多いのだと思っていれば間違いありません。

しかし、こちらから提示して、もし、1行の個人保証をはずせたら、後はGOサインがかかったも同様です。

他行に、「○○銀行は個人保証をはずしてくれたんですが、御行では個人保証をはずせませんか?」と聞いてみましょう。それでも色よい返事がないなら、「○○銀行が個人保証なしで肩代わりしてくれるといっているんですが」とさらに一押ししてみるのです。

ここまでいえば、銀行は焦り出し、稟議を上げるはずです。

いうまでもなく、ここまで強気に出るためには、準備段階として、資金を多めに借入し、余剰資金をもっておかないと交渉負けしてしまいます。

❖中小企業再生支援協議会の経営改善計画の現実

中小企業の経営が行き詰まると、銀行は「中小企業再生支援協議会に行って経営改善計画を策定し、再生を図りましょう」ともちかけてくることがよくあります。

「中小企業再生支援協議会」とは中小企業の事業再生に向けた取り組みを支援する国の公的機関です。都道府県ごとに配置されていて、事業再生の専門家が無料で相談にのってくれます。

守秘義務厳守が原則で、情報がもれることはなく、安心して相談できる、とされています。

しかし、「中小企業再生支援協議会に行ってみましたが、先が見えません」と不安げな顔で相談に来られる経営者が後を絶ちません。

それも道理で、中小企業再生支援協議会が作成する再生計画案は、

①５年以内に債務超過を解消する。

② ３年以内に経常利益が黒字になる。

の２つの要件をクリアする内容でなければならないとされているのです。

この前提で作成された「再生計画案」は金融機関の債権カットもあり得るなど非常にありがたい話のように見えますが、現実はこうは運びません。銀行が同意しないと何も進まないからです。金融機関によって体力も担保カバー率なども違うから無理なのです。

事業は助かるかもしれないが、社長は「死んでしまう」

結論からいうと、「再生計画案」で助かるのは、金融機関と会社だ、と考えるべきです。

まず、再生計画案が策定され、金融機関との協議に移ると銀行は可能なかぎり債権の回収にかかります。再生計画をつくるとき、経営者本人と会社の資産は徹底的に調査されており、銀行はどこから回収できるかを見通しています。

中小企業再生支援協議会の設置は、産業活力再生特別措置法に基づいたもので、その目的は、産業競争力を目指すために事業再編の円滑化を図るというものです。したがって、会社はなるべくつぶさないように支援策を講じるでしょう。

会社がつぶれてしまうと債権は回収できず、雇用や技術も失われてしまうからです。

そのために多くの場合、経営責任として「社長の個人保証」を求めるわけです。

したがって、その先、経営が行き詰まれば、社長の人生はそこで終わり！　家族まで路頭に迷う結末になってしまいます。

▼中小企業再生支援協議会に期待しすぎない。

中小企業再生支援協議会は

自らが主体になって行う事業再生のためにうまく活用していく。

会社をつぶさずに、お金を回せる社長は、

日頃から、最悪を想定して最善の策を講じる習慣をつけ、即、行動している。

経営とは大海を船で航海しているようなものです。船が大型であれば荒波にも耐えられますが、中小企業は小型の船です。それでも、荒波を進んでいかなければなりません。だからこそ、いまは順調に進んでいたとしても、いつ何時、嵐が襲ってくるかもしれないと考え、嵐への備えをしておかなければいけないのです。

つまり、事業とはいつまでも順調とはいかないものだと肚をくって、経営に当たらなければいけない。それが中小企業の経営です。

多くの社長は、特に創業社長は成功することばかりを夢みていて、失敗することは想定していません。しかし、厳しいことをいうようですが、事業で成功する確率はおそらく5％以下でしょう。

つまり、事業はむしろ、失敗することを前提に考えるべきで、社長である以上、常に、失敗したときの対処方法を考えていなければいけないのです。

❖復元力こそ経営者の底力だ！

経営が暗礁に乗り上げる。これは車をぶつけてボディがへこんだ状態にたとえられます。大破したわけではない、だから廃車にしなければならないというわけではない。しかし、へこんだボディ、調子が悪くなったところを修復しなければならない。

この修復力、故障やダメージを元に戻す力が復元力です。

会社が危機に瀕したとき、素早く動けるかどうか。ここが、企業を再生できる社長か、会社をつぶしてしまう社長かの分かれ道になるのです。

「思い立ったが吉日」という言葉もあるように、危機を予感したら即、具体的に動く。すぐにやる。すぐ試す。

そのフットワークのよさこそが大きな収益源を探り当て、再生、さらには次の成功へと進む道を拓く原動力になるのです。

すぐに動いた場合は、失敗しても早く動いた分、修正する時間があり、その余裕が痛手を小さく食い止めることにつながります。

軽傷ならば何度失敗しても必ず起き上がれます。そして起き上がるたびに、必ず何かをつかみ、何かを学びます。その結果、成功のきっかけを引き寄せ、最終的に大きな成功をつかむ可能性が開けるのです。

どんなときもダメ元で交渉する

企業の成長、前向きな事業展開のためには「資金」を確保しなければなりません。「資金」は船舶や航空機の燃料に当たるもの。燃料である「資金」がなければ、企業は出航も離陸もできないし、航海や飛び続けることもできません。

常に燃料を満タンにしておく。つまり、十分な資金を確保する。そのためには資金提供元である金融機関を引きつけ、ときには、寄り倒すくらいの強い姿勢、力が必要です。

私は相談にいらした社長には、いつも「ダメ元で交渉してください」といっています。

実は、相談にきていながら、「たぶん、無理でしょうね」という社長も多いのです。最初から、「たぶん無理だと思うんですけど」とか、「どうせダメでしょう」といっているようでは、道は閉ざされてしまいます。

真の交渉力は「ダメだ」といわれたところから発揮されます。

銀行は手ごわく、ときには冷厳で、中小企業の味方になってくれるという期待は裏切られることのほうが多いでしょう。しかし、手ごわい相手であればいっそう、こちらも肚をすえて、ダメ元で粘るだけ粘るのです。

あきらめずに何度も何度も繰り返し、繰り返し交渉しているうちに、ついに先が見えてきます。

私が140億円の負債から脱出したのもまさに、ダメ元の交渉を繰り返した結果です。

▼常に最悪を想定し、素早く行動する。

そしてダメ元の交渉力をもっていれば、経営に失敗することはない。

社長のお金の基本・Ⅲ

お金と会社を残す

会社をつぶさずに、お金を回せる社長は、

創業理念を貫く姿勢が揺らぐことがない。

日本は世界一の老舗大国です。

東京商工リサーチの調査（2016年）によると、2017年に創業100年以上になる老舗企業はなんと3万社以上。

最古の企業は寺社建築の㈱金剛組（大阪府）で、創業は578年。次いで、587年創業の池坊華道会（京都府）、705年創業の㈲西山温泉慶雲館（山梨県）と続きます。

こうした古参中の古参企業は別格としても、江戸時代から続く企業が4164社、明治時代に創業した企業は2万1773社と、いずれにしても長い歴史を誇る企業が多いことにはあらためて驚きます。

なぜ、こんなにも長い期間、会社を存続してこられたのか。

「大企業で、しっかりした経営基盤があるからではないか」。そう思う人も多いでしょうが、歴史の長い老舗企業の内訳を見ると、年商5億円未満が6割強、従業員数10人未満が約5割と、大半は中小企業であることがわかります。

時代の荒波をくぐって生き延びてきた理由は「創業理念を貫く姿勢」

明治以降だけを考えても、時代は激しく変化してきています。特に、昭和に入ってからの戦争、しかも大敗に終わった戦争の影響は計り知れないものがあったでしょう。

私は阪神・淡路大震災でひどい状況に立たされましたが、**老舗の多くは、おそらくそれ以上の激変、激動を乗り越えて今日まで事業を続けてきたわけです。**

有名なところでは、三越は江戸時代の約340年前の創業時は呉服商。創業者・三井高利（通称、八郎兵衛）は店先現金商売や反物の切り売りなど、当時では考えられなかった商法を次々取り入れ、店は大繁盛。高利の理念は**「常にお客様第一」**でした。

明治に入り、三井呉服店、三越呉服店、三越百貨店と名前と業態を徐々に変化させながらも、「常にお客様第一」という経営理念は不動だったのです。

❖老舗だから、とあぐらをかいていられる時代は終わった

しかし、その三越さえ、現在は徐々に支店の閉鎖を進めるなど苦しい状況に立っています。最大の理由は時代の大きなうねり。現在、販売業にはネット購入という、産業革命以来といわれるほどの大きな変革が進んでいます。

そこに、少子高齢化という、これもかつて想像さえしたことがなかった構造変化が重なっています。こうした歴史的な変化は、規模の大小に関係なく、すべての企業の足元をひたひたと脅かせています。

私のところにも、老舗企業の経営者が多数、相談に見えます。

あるとき相談にみえた企業は、100年の伝統を誇る老舗企業です。

繊維関係を扱ってきておられ、これまでは老舗のブランドで大した苦労もなく、はっきりいえば、それほど努力をしなくても売上も、利益もそれなりに確保できてきました。長年の間に資産もたっぷり残してきており、ちょっとやそっとのことではビクともしないとタカをくっていたようです。

しかし、この会社は大手企業の下請け。これまではロットの多い商売をしてきたので

それなりに利益を確保してこられたのですが、近年は発注先の大手企業もシビアになってきて価格を叩かれ、発注数も激減というダブルパンチをくらっています。

現在は、長年蓄えてきた資産を食いつぶしているのが実情です。

しかし、社長には、現状のビジネスモデル、つまり、大手にべったり依存した下請けではダメだという意識はないようです。

資産はやがて枯渇していき、その先に待っているのは破たん、倒産です。

私は社長に会うたびに、下請けのコスト競争はさらに熾烈化していく。発注先はどんどん海外企業に流れていく。いまのままでは現状維持さえむずかしい。**生存競争に打ち勝つには大手企業頼りではなく、自社のブランドをつくり、下請け事業から脱却しないと利益を確保することはできない時代だ**、と話し続けています。

❖内視鏡手術のトレーニング器を開発して大ヒット

K技研は従業員16人の典型的な町工場。現社長の父親が40年ほど前に創業。「これだけは絶対に他社に負けないという技術があるわけではなく、ものづくり全般のノウハウを蓄積してきたので、要望されたらなんでもつくる。それがうちの売りだった」、そんな会社でした。

しかし、現社長は父の時代とは明らかに吹く風が変わってきたことを感じ取っていました。**「これからは、うちでなければつくれない、というもので勝負していかないとダメだ」と考え、懸命に自社独自の商品づくりにチャレンジしたのです。**

K技研の強みは極薄の金属板を製造できること。たまたま、医療機器の会社に勤める知人から、「腹腔鏡手術に使う練習器具が1台数十万円とめちゃくちゃ高い。そこで、ドクターたちはホームセンターで材料を買ってきて自分でつくったもので練習している」と聞いてさっそく現物を見せてもらったところ、「これならうちの技術でできる。コストも大幅にダウンできる」と確信。すぐに開発を始めて、手術用トレーニング器を完成。価格はなんと、それまでのトレーニング器の10分の1以下という画期的なものでした。

ウェブサイトから医師にダイレクトに販売することで販売コストも最小限におさえ、さらにドクターからの生の意見を聞く機会も得て、手術用トレーニング器はさらに進化し続けているそうです。

お陰で目が覚めた、という社長

下請けオンリーだった金属加工工場からオリジナルな手術用トレーニング器のメーカーへと変身を遂げたK技研の話を聞いた老舗企業の社長は、ようやく私の話に本気で向き合う気になってくれました。

その企業だけのオリジナル製品をもつと価格決定権も手中にするので、買い叩かれることがなくなり、適正な利益率を確保できます。これが大きいのです。

発注先の事情に振り回されずに、安定した経営ができるようになるからです。

もともと社長の息子として何不自由なく育てられ、今日まで、人生の苦労らしい苦労を知らない人です。その分、素直で、「わかった」となれば即、行動に移す実行力をもっています。

「これまで、いままでどおりやっていけばなんとかなると考えていたんですが、それではあまいんですね。目が覚めました。これからは心を入れ替えて、なんとかわが社オリジナルの製品を開発して、下請けから脱却するためにがんばります」というではありませんか。

本気モードに入ればもう大丈夫。もともと経営基盤はしっかりしている会社ですし、まだ、ストック資産も残っています。

この会社は今後、がらりと変貌を遂げて大きく飛躍していくだろうと、私は大いに楽しみにしています。

▼会社を長く存続させていくのに必要なのは、
常に変革する気持ちを忘れないこと。
自社ならではのオリジナリティをもつこと。

会社をつぶさずに、お金を回せる社長は、

やるべきことをやっていて、赤字→倒産を避けている。

機械製造の会社の二代目社長が相談にこられました。父親が雇われ社長から独立を果たした会社で、父親が高齢になったので、やむを得ず息子が経営を手伝うようになったのですが、会社の状態が不安定で、先行きが見えないといいます。

息子さんは父親の仕事に尊敬と強い関心をもっていたので、専門学校に通い、高いスキルを身につけています。父親のほうは営業からのたたき上げなので営業力はすぐれているのですが、肝心の経営力が劣るのです。

実情をうかがうと、この会社は技術力、営業力はあるのですが経営力がないため、経営は行き当たりばったり。資金繰り表も作成しておらず、お金が足りなくなると、銀行から短期資金を借りてただお金を回しているだけ、という状態だとわかりました。

こうした〝綱渡り経営〟は遅かれ早かれ行き詰まり、その先に待っているのは赤字の累積、倒産です。いますぐ、手を打たなければいけません。

❖せっかちで心配性の社長のほうがいい

これまで何度も、くどいくらいいってきたように、倒産は企業の死であると同時に、社長の人生の死。ほとんどの場合、家族も深刻な状況に立たされます。

ところが、多くの社長は信じられないくらい、この自覚が足りません。

がんも経営も同じです。早期発見ならば助かる確率はぐんと高くなります。たえず会社の明日のこと、1か月先のこと、半年先のこと……と会社の将来を見越し、先々を先取りして行動していれば、小さな変化、異常にも早く気づきます。

私はよく、「**1か月先のことをやっている社長は大丈夫だ！**」といっています。先のことをあれこれ考えて、先々のことをやっていないといられない。そんな**せっかちで心配性の社長ならば、むしろ会社は安全です。**

危機を察知する力はある意味で感覚です。時代の吹く風が変わってきた。お客の反応が微妙に変わってきた。こうした変化は理屈ではなく、肌感覚で感じるものです。

オーバーではなく1日24時間、つまり寝ているときさえも頭のどこかに仕事のこと、会社のことをおいている。そうした社長ならば、時代の変化を肌で実感でき、ひょんなことから、新規事業へのひらめきを得るなどするはずです。

161ページで紹介した手術用トレーニング器を開発したメーカーはなんと、現在、こんにゃく加工に取り組み、新市場を開拓しています。医者たちは、実地練習に動物の内臓を使っており、それが高価だと悩んでいることは聞いていました。

ある日、行きつけの焼肉屋で、「最近はこんにゃくをレバ刺しの代わりに出しているが、けっこう人気がある」という店主の言葉が耳に入ってきたその瞬間、こんにゃくで手術の練習ができないだろうか、とひらめいたのです。

金属加工メーカーがこんにゃくで手術の練習用の臓器をつくる。

いったん、異なる進路が拓けると、そこからさらに異なる進路が見えてきて、その結果、大化けすることもあり得るという好例です。

こうなれば、経営者はもちろん、従業員も仕事が面白くてたまらなくなり、そのエキサイトした気持ちがさらに会社を活気づけていくことになるでしょう。経営の醍醐味、まさにここにあり、といいたくなります。

❖経営改善のタイミング

いずれにしても、危機爆発のギリギリまで経営改善に取り組まないようでは、経営者落第。こうした状態の会社を次世代に継承するならば、次世代こそ気の毒です。赤字が2期続きそうなときには、すぐに経営改善を始めてください。

経営改善のポイントは以下です。

◆赤字になったらすぐに経営改善を考え、具体的に行動する。
◆再生に当たり、守るべきものを確保し、会社と社長の防御策を講じる。
◆再生を進めるときは、銀行より先手を打つ（銀行主導にさせない）。
◆再生は時間との戦いであることを自覚する。
◆構造改革を図るときは、時代の変化に即応した経営に転換する。

いま、利益が出ているだけでは意味がありません。5年、10年先も存在価値があるビジネスモデルに改革することこそ、大事なのです。

いま、旬のビジネスモデルは改革を終えたころには旬が去っている可能性大。再生のための予算に加えて、さらに赤字がつのれば、2次破たんとなることは目に見えています。

▼経営改善は先手必勝。
危機を素早く察知して対策を講じ、
健全な経営状態を保っていれば、継承もスムーズにいく。

会社をつぶさずに、お金を回せる社長は、

後継者の複雑な心理を理解し、相応の配慮をしている。

私のところに見える方の15％ぐらいは「跡継ぎがいない」「子どもが跡を継ぎたがらない」と、いわゆる事業継承についての悩みを抱えています。

中小企業の経営者の年齢は年々高齢化しているといわれます。高齢化にともない、後継者問題が浮上してくるわけですが、「サラリーマンにはなりたくない」「いずれは起業したい」という若者が増える一方で、「親の会社は継ぎたくない」という若者も増えてきているのです。

酷なようですが、この現実は、親の経営の仕方や会社の将来に対する姿勢に問題があります。少なくとも、若い世代を引きつけるのには十分ではない、といわざるを得ません。

ちなみに、ちょっと方向性は違いますが、日本生産性本部が2018年の新入社員1300人に調査した結果、「将来、社長になりたい」という人は10・3%しかいませんでした。この数字は過去最低です。

いまや、社長のポストそのものに魅力がない。というより、確立された企業の社長には魅力を感じない。社長になりたいなら、自分で起業する、という時代になっているといえるのかもしれません。

❖意外につらい継承者の立場と気持ち。それを理解しているか

社長側はなぜ、会社を子どもなどに継いでもらいたいと思うのでしょうか。

いうまでもなく、創業からいままでがんばって築き上げてきたビジネスモデルや経営ノウハウ、商圏における存在性、従業員の雇用確保、取引先との信頼関係などを続けていきたいということなどが、社長が会社の継承を望む主な理由でしょう。

しかし、これでは若い世代の気持ちをつかむことはむずかしいといわざるを得ません。

「親が苦労して築き上げた会社を引き継ぐなんて楽でいいなあ」というのが一般的な世

間の見方でしょう。しかし、親が築き上げた事業を受け継ぐ二代目は想像以上に大きなプレッシャーを感じているものです。

創業者は新しい市場を開拓し、長い間に襲ってきた数々の試練を乗り越え、成功を勝ち取ってきただけに圧倒的な自信をもっています。したがってたいていは、ものすごいワンマンでカリスマ性があります。

私の場合もまさにそのとおりで、父はまだ学生のころから私を事業に引き込んだものの、経営方針などは父流を譲らず、結果的に私は父のいいなりに動かざるを得ませんでした。

次代に継承していきたいならば、継承するほうの立場を理解しなければなりません。

継がせたい子どもがある程度の年齢になったなら、その子も交えて会社の将来像を明るく語り、継承者と夢を共有することはいうまでもなく、社長の座を受け継がせてからは、原則、経営には口を出さない。

次世代も自身の発想ややりたいこと、やりたい方法があるのだと理解し、一歩引いた立場から大きな目で見守る。そんな姿勢をとれれば理想的です。

ちなみに、私がこれまで受けた後継者側の悩みは次のようなものでした。

・先代の借金を背負わされている。
・先代の意向で赤字事業を切り捨てられない。
・先代の息のかかった従業員が先代になびく。
・銀行は先代に何もいえない。
・高齢なのに社長の座に居座り続けている。
・先代が意に沿わない人間を排除しようとする。
・自分の権力を維持するためには手段を選ばない。

▼継承者不足の陰には、

現社長の考え方や行動に問題がある場合がけっこう多い。

会社をつぶさずに、お金を回せる社長は、

起業精神を受け継ぎ、事業内容を変革しながら会社を続けている。

相談にお見えになる経営者のなかには、「**息子に会社を継いでもらいたいのだが、実は会社の内容がよくなくて、いまのままで継がせたのでは息子に気の毒だ**」と率直に実情を吐露する方もいます。しかし、そこから力強く立ち上がる例もあります。

京都ではただ1軒となった和傘の老舗は、ついに年商100万円まで落ち込み、明日にも倒産という危機に瀕してしまいました。五代目を継いだ新社長はこの逆境にかえって奮起し、長年培ってきた技術を生かし、現代に、そして世界に通用するものをつくれ

ないかと模索。照明具のシェードという新事業に進出し、いまでは「入手するまで2年待ち」というほどの人気ブランドに成長させています。

福岡市にある「M石油株式会社」はその名のとおり、燃料販売が主事業です。創業から90年余。現社長で4代目。長く続いてきた秘訣は「いつも今より新しい」という会社のポリシーに表れているといえるでしょう。

同時に、「なんでもやる」も創業者から受け継がれてきたDNAだそうで、実際、現在もガソリン、重油などの販売のほか、喫茶店もやれば書店もやるという多岐展開です。多岐展開ならば、どれかが必ず次代の成長分野になり、会社の命脈を将来に続ける力になるはずです。

❖常に新しい方向性を探る、これが経営者の仕事

長く続く企業の本質とは何でしょう？　古くから受け継いできたものを大事にする一方、常に時代に合わせて変化し続けてきたことに尽きるといえないでしょうか。

直近の例では、トヨタがソフトバンクと提携し、今後は脱自動車、「すべての人に安心、快適なモビリティをお届けする」事業に進化していくことを宣言しています。

もともとトヨタは自動織機メーカーとしてスタートした企業です。昭和初期に「これからは自動車の時代だ」と看破した二代目社長が自動車産業への参入を決意。そこから今日の、世界的な自動車メーカー・トヨタの歩みが始まったのです。

会社の名前は変わらないけれど、事業内容はがらりと変わった例では「富士フイルム」のケースも広く知られています。

２０００年ごろから始まったカメラのデジタル化にともない、フィルム市場は10年間で10分の1まで縮小するという大激変に見舞われます。

このとき、富士フイルムは創業以来の大変革を行い、今日では医療、化粧品、液晶ディスプレイ、ＩＴの企業になることで生き残りに成功、売上は２０００年当時の2倍以上に発展させています。一方、同じ時期に、以前は富士フイルムをしのぐ世界的フィルムメーカー・コダックは２０１２年に倒産してしまいました。

富士フイルムの劇的成功は「企業とは変化対応業である」ということを強く感じさせます。

❖ 柔軟な〝発想〟ができる社長は成功する

「トヨタ、富士フイルムのような世界的な企業の話を聞かされたって、うちのような中小企業では参考にならない」と考えているとしたら大間違い。こうした巨大企業でさえ、時代とともに事業内容を大きく変革し、その結果、さらに巨大化していくという道をたどって今日がある、ということを学び取ってほしいと思います。

中小企業であればいっそう小回りが利き、変革しやすいはずです。

「朝令暮改」、つまり、いうこと、考えることがくるくる変わることは、かつてはいけないことだとされていました。しかし、変化の波が激しく、しかもそのスピードがこれまでのどの時代にもなかったほど速い現在では、**経営者の考えが柔軟で、行動に移すのが速い企業ほど、生き残り、そして今後の発展の可能性は大きいのです。**

❖ 後継者と共に進化の方向を語る機会をもち、自然に継承へと進んでいく

私の父は、私が大学生のころから仕事に巻き込み、卒業後、私は否応なしに、父の仕事を継承する道を歩み出していました。

最近は、成人後も子どもを自由にさせておいたり、留学をさせたりする経営者も少な

くありません。こうして自社の経営や将来について話をする機会も設けないまま、ある年代になると、そろそろ会社を継いでくれないかといい出すのでは、継承することに難色を示すのも無理はないでしょう。

子どもが小さいときから、会社の将来について、夢や新たな可能性などを語る機会を設け、後継者となる子どもと夢を共有できれば、次世代も自然に会社の先行きに関心を抱くようになるはずです。

継承にも下準備があり、手順があるということです。私は親と外食するときの会話は、いつも商売の話ばかりでした。そこで商売とは何かを自然に身につけたような気がします。歌舞伎界など伝統芸能の世界のように、小さいときから培った素養は身体に刻み込まれていくものです。

なお、子どもが複数いる場合、会社に入れるのは1人にするようにしましょう。複数入れると、いまは仲良く力を合わせていても、長い間には確執が生まれないとはかぎらないからです。ほかの子どもには別会社をつくって、そちらの経営を任せるなどの方法を考えるといいと思います。

▼いまの会社は次世代が継承したくなる企業だろうか。
また、次世代が若いころから会社の新たな可能性について話すなどして継承者の気持ちを引きつけていく。

会社をつぶさずに、お金を回せる社長は、

後継者は息子に限定せず、優秀な社員、女性、外国人などと発想を広げている。

事業承継は、ある意味で経営者にとって、最後の大仕事といえるでしょう。

ちなみに、承継とは「先人の地位・事業・精神などを受け継ぐこと」。継承は「先人の身分・権利・義務・財産などを受け継ぐこと」で、多少、意味が異なります。

会社や事業を次世代に受け継いでもらうことは「承継」に当たり、法律用語や税制でも「承継」が使われています。

会社の承継は後継者に「経営」、つまり、人、資産、知的資産の3つの要素を受け渡すことです。中小企業の場合は、こうした要素や事業のノウハウ、取引先との信頼関係などすべてが経営者に集中しているケースが多いことから、**承継には十分な準備期間をとることが必須。通常5〜10年ぐらいの期間を考えておくべきでしょう。**

承継を成功させるためには、できるだけ早く、遅くとも5〜10年前には「後継者」を選択しておく必要があるということです。

才能や適性がないのに、無理に承継させると悲惨な結果になることがあるので、十分、見きわめて適切な人事をすべきです。

間違った承継をすると、社員や社員の家族までも不幸にしてしまう結果になります。

❖ 増えている女性の後継者。なかには外国人の後継者もいる

ところがその後継者が圧倒的に不足しているという、もう1つの悩みがあります。

東京商工リサーチの調査によれば、2017年は中小企業の「人手不足型倒産」が従来の2倍にものぼっており、なかでも目立っているのが「後継者不足」だといいます。

帝国データバンクの調査でも、**3分の2近くの中小企業が「後継者不在」**と答えてい

るという結果が報告されています。
その背景には**「後継者は息子」と考えている社長がまだまだ多い**という事情が隠れているのではないでしょうか。私のところに見える中小企業の社長もほとんどが「息子が継いでくれない」とか「うちは娘しかいないので養子をとらないと後継者がいない」など口にされるのです。

最近は雇用に関して「ダイバーシティ」の重要性が声高に叫ばれているのに、なぜか、後継者は「息子」と限定してしまうのです。もっと頭を柔軟にして、発想の幅を広げることが求められていると気づくべきです。

不動産大手の森トラスト株式会社、森トラスト・ホテルズ&リゾーツ株式会社の社長は女性。二代目社長の長女だそうです。

二代目社長には息子さんも2人いますが、諸事情で長女が承継することに。父の先代社長は「不動産業界は男の世界といわれてきましたが、かえって希少価値があっていいんじゃないか」とコメントしています。

ほかにも、精密部品メーカーを率いる女性社長もいれば、花火製造会社を引き継いだ女性社長もいます。さらに視野を広げれば、アメリカ人の老舗の温泉宿社長もいます。この旅館の娘さんと結婚した縁で社長に就任したそうです。

このアメリカ人社長は、この温泉地の旅館の多くが鉄筋コンクリートのホテル形式に建て替えるなか、あえて古びた木造建築を残し、日本の伝統文化を集中的に体験できる宿であり続けることを選択しています。その結果、いまではこの宿の宿泊客の10％は外国人。外国人社長だからこそ、思いついた戦略が当たったのです。

ある社長から、「息子と娘があり、息子は非常にいい子だがおとなしい。娘は商売人でなかなか才覚がある。どちらに継がせるか迷っている」と相談されたことがあります。

私が、「実際に会社の経営に対して、どちらが強い関心をもっているのでしょうか」と尋ねました。答えは、いうまでもなく「娘でしょうね」でした。

そこで、私の顧問先にも女性経営者が増えていること。その多くは真面目で、真摯に仕事に取り組み、まわりからも信頼され、事業を拡大しているとお話ししたところ、深くうなずいて帰っていかれました。

❖ 後継者には早期に代表権を与えない

後継者は親族でなければならないわけではありません。社員のなかから、社長の思いに共感し、会社に対する思いの熱い人を次の社長候補にする選択肢もあるでしょう。

しかし、単に昇格させるのではなく社長にする。するとその瞬間から、**会社が抱える負債の個人保証を迫られるという新たな負担が生じる**ことになってしまいます。

私の顧問先でも才能のある社員が後継者に適任でした。しかし、個人保証の問題があり、家族と相談して、断ってきました。そのようなことがあり、会社を売りたくなくてもM&Aで会社を売却するという選択肢を選ぶ社長も少なくないのも現実です。

そうした課題をクリアするためにも、親族であれ、親族外の誰であれ、承継する前に、経営状況や経営資源などを健全な形に整えておくことが非常に重要な課題になります。

いずれにしても、事業承継に当たって、後継者に早期に代表権を与えないほうがいい、と私はアドバイスしています。

どの業態、どの市場でも、これまでより、これからのほうがずっと厳しくなると考えなくてはならない時代です。現社長の目から、後継者として本当の覚悟があるかどうか、ご購読ありがとうございました。今後の出版企画の参考にさせていただきますので、ぜひご意見をお聞かせください。なお、ご返信いただいた方の中から、抽選で毎月５名様に図書カード（1000円分）を差し上げます。

サイトでも受付中です！　https://kanki-pub.co.jp/pages/kansou

書籍名

①本書を何でお知りになりましたか。

- 書店で見て　• 知人のすすめ　• 新聞広告（日経・読売・朝日・毎日・その他　　）
- 雑誌記事・広告（掲載誌　　）
- その他（　　）

②本書をお買い上げになった動機や、ご感想をお教え下さい。

③本書の著者で、他に読みたいテーマがありましたら、お教え下さい。

④最近読んでよかった本、定期購読している雑誌があれば、教えて下さい。
（　　）

ご協力ありがとうございました。

郵便はがき

料金受取人払郵便

麹町局承認

5200

差出有効期間
2020年2月29日
まで

102-8790

226

東京都千代田区麹町4-1-4
西脇ビル

㈱かんき出版
読者カード係行

フリガナ ご氏名	性別　男・女 年齢　　　歳
フリガナ ご住所　〒 TEL　　　（　　　）	
メールアドレス □かんき出版のメールマガジンをうけとる	
ご職業 1. 会社員（管理職・営業職・技術職・事務職・その他）　2. 公務員 3. 教育・研究者　4. 医療・福祉　5. 経営者　6. サービス業　7. 自営業 8. 主婦　9. 自由業　10. 学生（小・中・高・大・その他）　11. その他	

★ご記入いただいた情報は、企画の参考、商品情報の案内の目的にのみ使用するもので、他の目的で使用することはありません。

★いただいたご感想は、弊社販促物に匿名で使用させていただくことがあります。　□許可しないしっかり見きわめる必要があると考えましょう。

ある機械会社の社長は息子に全権を渡した後も代表権を与えていません。息子には荷が重すぎるかもしれない。本当に経営者として全責任を負っていく覚悟があるかどうか。それは、自分が亡くなったときに決心すればいいと考えているからだというのです。

息子などが役員に入っていると、会社の財務状態が悪くなったとき、銀行は支援の条件として、息子などの個人保証を求めることもあります。

私が１４０億円の借金を背負ったのはまさにそのケース。息子である私に１４０億円の個人保証を求められたのです。

▼後継者問題はかなり深刻。
幅広い対象から最適の選択をすると同時に、
経営状況を改善しておくことが重要な課題。

会社をつぶさずに、お金を回せる社長は、

会社を残すことにこだわらず、優良な事業だけをステルス方式で承継していく。

経営状態を改善しておく、というのは簡単ですが、実際はなかなかそうはいかない時代です。

少子高齢化によってあらゆる領域でパイの縮小が進み、売上や収益が上がらない。借金の返済もいままで通りには進まない。そんな企業が少なくなく、地元では名士に名を連ねている経営者が窮地に立っている例も〝数知れず〟といっても過言ではないくらいです。

こうした方に、私はよく「ステルス方式」による承継をおすすめしています。

「ステルス」とは英語で「こっそり行う」「隠密に」という意味。「ステルス戦闘機」といえば、レーダーなどの探知機器に発見されにくい機能を搭載した戦闘機のこと。ステルスマーケティングといえば、消費者に気づかれないように行う宣伝活動をいいます。

承継におけるステルス方式とは、承継者の会社を設立して、リスクヘッジ策をとることです。この方法をうまく利用して、必要な事業だけを承継するのです。

また、いくつかの事業を混在させたまま経営を続けていると不採算部門も成長性のある事業も一緒くたになってしまい、どの事業を強化し、どの事業からは撤退するという判断もつきにくくなってしまいます。

ゆくゆくは息子などに事業承継しようと考えているならば、早いうちに事業別の採算制を導入するか、別会社にしておくことです。

こうしておけば、不採算部門は承継せず、成長が見込める事業だけを承継するという道筋がはっきりし、不安や懸念なしに、後継者にも負担のない承継がしやすくなります。

❖第2会社をつくるときはここに注意！

別会社をつくる場合は、いうまでもなく、本体との関係性がない形でつくることが重要なポイントです。本体が多額の借金を抱えている場合、本体が借金を抱えて倒産したとしても別会社は生き残っていく。そのためには、資本も役員構成もまったく関係のない形で行わなければいけません。

もし、法的に第2会社方式で会社分割・事業譲渡をするなら、取引のあるすべての銀行の合意が必要になります。仮に銀行が「前向きに検討しましょう」といってくれたとしても、銀行の意向しだいで、借金のかなりの部分を第2会社に移されます。

現実的には中小企業にとっては以下の問題点を含む方法です。

- ◆スポンサーを見つけないと、途中で資金ショートしかねない。
- ◆全行が同意しなければ進まないので、調整に非常に時間がかかり、なかなか合意できない。その間に会社は劣化が進み、成り立たなくなる。
- ◆詳細なデューデリジェンス（資産価値の評価）をすることによって中小企業に不利益を被ることがある。

◆費用がかなりかかり、借入も予想以上に引き継ぐ可能性があり、後々２次破たんの可能性も考えられる。

だから、ステルス方式で事業を継承していく

現在、知られている会社分割による事業譲渡は、ある程度の規模の会社でないと、こうした理由から成功の確率はあまり高いとはいえません。

私自身もそれで苦境に立ち、必死の思いで考えついたのが、ステルス方式です。

詳細を書くには本1冊分あっても書き切れないだろうと思うほど、複雑で込みいった方式ですが、ポイントをご紹介すると以下になります。

◆**社長も株主も本店登記も本体とはまったく関係のない形で別会社を設立します。徐々に理にかなった形で事業を第２会社に移していきます。**

◆**第２会社設立前に、必要とする資産を協力してくれる善意の第三者に売却しておきます。これは、正しい方法で正しい順番で行わないと成功しませんし、これで成功した本人しかわからない知恵の輪を解くような微妙な手順を踏まなければいけません。**

ご相談に見えた方には惜しみなくそのノウハウを伝授しますが、すぐに理解ができて、

誰にでもできるような簡単なものではありません。

私はこのノウハウを身につけて成功するまでに多くの失敗から成功法を見出し、8年の歳月と億というお金をドブに捨てました。

日頃の銀行とのつき合いが復活の道を拓く

銀行の信頼を得ている社長であれば、銀行も、その社長を生かそうと考えてくれるものです。長年にわたり信用を積み重ねていくことが、最良の復活への近道になることを自覚して、経営をしていくことが大切です。

私の場合は、当時11行あった取引銀行のなかで半数以上は、私が復活することを願ってくれましたし、実際にさまざまな障害も飲み込んで復活の扉を開けてくれました。こうして黙って支援してくれたお陰で、再生は加速度的に進んでいきました。

再生を進めていくときには、銀行を味方につけることが、最重要なポイントになるのです。

私がすべてを失わずに事業再生ができたのは、陰に、こうした支援があったからです。

最後にモノをいうのは、日頃からの銀行とのつき合い方なのです。

銀行員も人間です。この社長は〝死なす〟べきではないと思わせることができれば、最後に大きく、そして温かな支援の手をさしのべてくれる、と信じましょう。

▼いまの第2会社方式では現実的に成功できない。「ステルス方式」で第2会社に事業を移す。

会社をつぶさずに、お金を回せる社長は、

捨てる勇気をもち、会社を生き残らせるためにできることはすべてやる。

事業にも〝賞味期限〟があります。

歴史がある会社ほど、いまではお荷物になっている事業や資産を多く抱えているものです。ところが、当の社長はそれらに誇りと愛着をもっていて、その事業からの撤退を考えることができない場合が少なくありません。

そうしたことも十分わかっていながら、「○○の××屋といえばこの地方では知らない人はいません。それを私の代でなくすことはできません」と言い張る社長もいます。

こだわりがあるのもわかります。プライドが許さないこともわかります。しかし、会社を維持・発展させることが経営者として最重要な務めであることを十分自覚してほしいと思います。

賞味期限を過ぎた事業は潔く処分しなければいけないのです。その処分のタイミングは早ければ早いほどいいのです。命脈が残っているうちならば、現在の会社を売却し、その資金をもとに新業態で会社を設立し、身軽にスタートするという方向性も考えられます。

危機に陥った会社が再生できるかどうか。それを分けるのは「捨てる勇気があるか、どうか」です。いつまでもぐずぐず迷い続け、なかなか捨てられないでいるうちに、再生の機会を逸してしまった会社は数え切れないほど多いのです。

❖決断は1秒でも速く。そして即、行動する

赤字が続いていることは、ボクシングでいえばボディブローを食らい続けているのと同じです。資産や銀行の信頼がそこそこあったとしても、会社の体力は徐々に失われて

いきます。

従業員の士気にも大きな影響を与えます。黒字部門の従業員たちは、「自分たちが稼いだ利益を、あの事業が食いつぶしている」と考えてしまうからです。

こうした状態を続けていて何のメリットがあるのか、意地やプライドで従業員が飯を食えるのか、冷静に考えるべきです。


後継者にしてみれば、こんな状態の会社を引き継ぐなんてたまらないと思うでしょう。私がまさにそうでした。

創業者である父は思い入れが強く、意地で続けている事業も多く抱えていました。そこへ阪神・淡路大震災で40億円以上もの損害をこうむったのです。

不採算事業は切り捨てて再生を図らなければ倒産し、何もかも失うことになる。これ以上、不採算事業にもこだわるならば破産申請をするほかはないと説得した結果、ようやく、父も「不採算部門の切り捨て」に納得してくれましたが、そこまで、私をはじめ、周囲がどれだけ苦労したことか！

私は、何に対しても執着心がないタチだったこともあり、父を説得した後、必要ではないと判断したものはどんどん売却し、再生を進めていきました。

決断が速く、どんどん行動するので、まわりはびっくりしていたようです。しかし、結果から見れば、だからこそ、140億円という巨額の借金を返済することができたのだと思います。

あらためて問われる銀行の役割

採算割れし、しかもその市場の将来性も見出せない。そんな企業が事業承継の時期を迎えたとしましょう。現在の金融機関はほとんどの場合、それでも事業を継続させ、少しずつでも借金を返してもらうという選択をします。

父親から引き継いだときすでに利益が出ず、借入金の元金返済をしていなかった会社を引き継いだ方が相談にみえたことがあります。

よく話を聞くと、金融機関は、すでに「期限の利益を喪失」している企業をわざわざ承継させて、個人保証をさせたのです。

これでは、事業承継した息子さんは、どこの金融機関からも借入できないわけですから、借金の個人保証をするために事業承継したのも同然です。

こうしたことは、公共性がある金融機関がやることではないと思います。すでに破たん先企業であったため借入、つまり、金融支援は受けられないまま、社長就任後は、懸命に資金繰りをしていたそうです。

売上を上げることが唯一の危機脱出策だと思い、がんばり続けていたわけです。金融にうとかったこともあり、社長は、自社が「期限の利益を喪失」した企業であると認識をもっていませんでした。ですから、こうしてがんばっていれば、いつか金融機関も融資をしてくれるだろうと考えていたといいます。

頑張って業績を伸ばしていくと、毎月の返済を増額しろといわれたのです。借入できないなか、設備更新もしなければいけないので困りました。すると、ある日突然銀行が、「担保になっている自宅を売却して借入金を返済するように」と言い出したのです。

金融機関は自行の得だけを優先して、時期を見計らっていたのでしょう。そして、次社長に金融知識がないのを知りながら何の助言もせず、いきなり回収に走ったのです。

こうした経緯を考えると、結果論ですが、後継者の息子と地元の雇用と発展のためにも、赤字会社を引き継がせるのではなく、もっと早くに第2会社を設立して、本体の借金を引き継がない形で事業再生を図るべきでした。

こうした提案や支援を行うのが金融機関としての使命であり、本来のあり方ではないでしょうか。

超低金利時代、IT化への対応など金融機関も厳しい変革の時代を迎えていることも事実です。しかし、そうした時代であればいっそう、金融機関も個々の企業の真の再生を支援する姿勢を取り戻さないと、将来が見えなくなるでしょう。

少なくとも、現在の金融機関の多くは、中小企業の社長は金融にうといから、金融機関側の思いどおりになるといわんばかりの姿勢が強いように見受けます。それに対応するには、経営者ももっと金融の裏事情、銀行の本音などを勉強しなければなりません。

▼賞味期限切れの事業は潔く切る。

この決断が速く、的確にできる社長なら、会社を存続させていける。

会社をつぶさずに、お金を回せる社長は、

経営力にすぐれた社長は、確実に資産形成も進めている。

社長の資産形成というと、まるで私腹をこやしているような印象をもつ人もいるかもしれません。しかし、一本筋が通った経営をしている社長ならばそれなりの利益を確保できるはずですし、そのビジネスを長く続けられることになり、必然的にある程度の資産形成はできていくものです。

そして、その資産は万が一のとき、会社を守るためのリスクヘッジとしても有用です。

ただし、資産形成はあくまでも「結果」です。

最初からお金儲けが目的で事業展開している社長は、最終的には失敗に終わることが多いようです。

以前、相談にのったことがある社長はその典型だといえる人でした。儲かればいいと何にでも手を出すのです。

本業は内装業と解体事業で、どちらも利幅が大きい仕事です。取引先も大手が主。そのまま真面目にやっていれば相当の利益が出るはずで、資産形成もできたでしょう。

ところがこの社長はさらに資産をふくらませようと、おいしい（と聞こえる）新ビジネスの話があるとすぐに身を乗り出し、事業を拡大していったのです。

こういう人のまわりには、いろんな人が寄ってきます。この社長の場合も例外ではなく、次々、いかにも儲かりそうな話をもち込む人が寄ってくるようになりました。すると、この社長は次々、それに乗ってしまう……。

なかには最初からおかしな話もあり、損を出すことも一度や二度ではなかったようです。しかし、この社長は、本業が儲かっていたから、なんとかなると思っていたのでしょう。いっこうに懲りる様子もなく、相変わらず、次々大きなお金を投資し続けていました。

ところが本業でトラブルがあり、取引が減り、売上がガタ落ちに。当然、利益も減ってしまい、拡大した事業の赤字をカバーできなくなってしまったのです。

そこで、これまで投資した不動産を売却しようとしたのですが、地方の不動産は現在、どんどん値下がりしている時代です。結局、売却しても大幅な赤字を計上しただけに終わり、まだねばればなんとかなったのに、苦しみから逃げたい一心で破産しました。すごく後悔されています。

不動産は即、換金できる物件を買う

資産といえば不動産だと思い込んでいる人はまだ少なくないようです。

不動産といわれるように、土地や建物は〝不動の価値〟をもつものという神話が長く続いてきたからでしょう。

しかし、人口減少で土地や建物の価値は総体的に低下傾向に向かうと予測されています。もちろん、需要と供給の関係で、人気が集中するエリアや場所であれば、逆にどんどん値上がりするだろうと予測できる物件もたくさんあります。

いずれにしても、一般的に、長く寝かせておくことはリスクの方が大きいと考えるべきで、不動産を購入する場合は、必ず、即換金できる物件を選ぶようにしましょう。

すぐに売れない物件、すぐにテナントが入らない物件は、価値がないと思うべきです。

また、大きなビルを1棟もつのではなく、小さいビルやマンションの1室などを数か所購入するなどしてリスク分散しておくことも、不動産資産を考えるうえでは重要なポイントです。単に見せかけの利回りだけで判断して投資するものではありません。

❖不動産賃貸業の盲点

少しお金に余裕ができたから、「ビルを買って貸そうと思う」といって相談に見える方もよくおられます。私が貸しビル業を手広く営み、他社よりも利回りを上げ、なおかつ97%以上の入居率を確保してきた実績を知ってのことでしょう。

しかし、不動産賃貸には外から見ているだけではわからないリスクもあります。安易に、「副業に貸しビル業でも……」と乗り出すと後で痛い目にあうことが多いものです。

不動産賃貸業の最大のリスクの1つは「家賃を支払わない人にどう対処するか」です。契約書から家賃の徴収まで仲介業者に丸投げする人が多いようですが、仲介業者は家賃の滞納があっても傍観しているだけ。必死に回収しようとはしません。保証会社に委託すれば高い経費がかかり、賃貸業を営むうまみをその業者に渡しているのと同じです。

自分の不動産を自分で管理できないようでは、不動産賃貸業のうまみを知ることはで

きず、収益も減ってしまいます。

不動産は年を経て中古になるほど家賃は下がり、補修コストなどもかかってきます。つまり、リスクは年々高くなっていく、ということも知っておかなければいけません。

賃貸用の不動産であっても、買うときには「売るときのことを考えて購入すること」。

これを肝に銘じておいてください。

私の顧問先のある社長は、本業以外には絶対に手を出さないと決めてコツコツと貯めてきたお金が数億円になったといいます。

私は相続対策のためにもと、不動産の購入をすすめました。同時に小さな物件をいくつか購入するようにとの助言も行ったところ、素直にそれを聞き入れ、信頼できる業者の情報を1軒1軒、自分の目で見て納得のいったところだけ購入するという手堅い方法で、いまでは着実に資産価値を増やしています。

▼社長の資産はいざというとき、会社を守る。

大きくまとめて投資するより、分散投資してリスクも分散しておく。

会社をつぶさずに、お金を回せる社長は、含み資産が含み損資産に変わる日があることを知っている。

資産形成、資産管理のうえで、現在最もリスキーなのが不動産です。

２０２０年の東京オリンピックまでは不動産は値上がりするとよくいわれます。しかし、それは局地的なもので、日本全国いたるところでうなぎ登りに値上がりしたバブル時代とはまったく様相が異なります。

「失われた20年」という言葉もあるくらいで、この20年間、日本経済は実質的にはほとんど成長していません。ＧＤＰは25年間、５００兆円あたりをうろうろしている状態です。

そうしたなかで、２０１３年ごろから不動産価格が上昇に転じ、不動産投資に奔る人や企業が現れるようになりました。しかし、この押し上げ要因は実需ではなく、日銀の超金融緩和、超低金利政策によりマネタリーベースの増加によるものにほかなりません。

アベノミクス前のマネタリーベースは年間100兆円程度でしたが、その後の日銀の金融政策により毎年80兆円の積み上げがあり、倍々ゲームでお金が増え続けたのです。

行き場がなくなったお金は不動産市場に向かったわけですが、昭和バブルと様相が異なるのは、それでも値上がりしない土地がたくさんあることです。

少子化、人口減少現象で住宅需要が頭打ちであること。通勤時間を短縮したいというニーズの変化などから、かつて人気があったニュータウンやリゾート地からは居住者の姿が消えていき、ただ同然といいたくなるような物件がごろごろしています。

野村総合研究所によれば、日本の住宅の空き家率は最新の調査（総務省・平成25年）で13・5％。このままなんらかの対策をとらなければ、2023年には20％超え、2030年代には30％超えになる可能性があると予測されています。


投資不動産や自社ビルを「含み資産」だと考えていた地方の資産家やこれまで儲かっていた企業も、あらためて現在の市場価値に照らし合わせてみると、いつの間にか「含み損」に変わってしまっている可能性はけっして小さくありません。

少なくとも年に1回は自社の資産を見直し、今後の見通しも考え合わせて資産の入れ替えを図らなければ、取り返しがつかないことになる可能性がますます現実味を帯びてきています。

❖モノや在庫の評価はゼロに等しい

骨董品の価値を算定するというテレビ番組がありますが、「これは家宝。博物館クラスといわれて購入したものです」という触れ込みのお宝が二束三文だったという話にはこと欠きません。

資産ではありませんが、在庫も特殊なものをのぞいては、ほとんどの場合、ゼロ評価。会社の資産整理のときに、大きな誤算になることがしばしばあります。

在庫があると利益を押し上げます。会社の収益状況にもよりますが、多くの場合、銀行から見ると、在庫は評価損になることがあります。

銀行は決算書からマイナス要因を探し出し、それらをマイナスした結果をもとに評価し、それをもとに融資額を検討します。したがって、在庫はしばしば、積極的な融資の足を引っ張る原因になりかねないことを知っておきましょう。

製造業の場合、ある程度の原材料の在庫を確保しておくことは必要でしょう。しかし、在庫管理を徹底して、これも必要最小限に止めるのが賢明です。

販売業では、在庫はそのまま製品の劣化につながる可能性が多々あります。たとえば、ファッション性のある衣類関係などは、翌年には売り物にならず、評価はすぐにゼロになってしまいます。

売上効率を高めるためにも、できるだけ在庫を少なく、つまり、在庫回転率を短くするように努めてください。

ちなみにトヨタの在庫回転率はわずか3・5日。ライバル社は6日以上かかっており、いかにトヨタの在庫管理がすぐれているかがわかります。

▼含み資産や在庫についても定期的に見直す。

不動産資産は〝思い込み〟と市場価格に開きが生じている可能性も高い。

会社をつぶさずに、お金を回せる社長は、

コツコツ本業に専念することで、結果的に確実に資産形成を進めている。

中小企業の経営者で、それなりの資産形成に成功した人は、例外なく、真面目に本業をコツコツと続けている人です。

反対に、儲かりそうだと聞くとすぐにあれこれ手を出して、結果はすべてアブハチ取らず。どの事業もきわめることがなく、中途半端に終わってしまうので身にならず、資産と呼べるほどのお金も残らない、という社長も少なくありません。

❖資産形成にも人生にも、一発逆転などあり得ない

人生とは不思議なものだと思うことがよくあります。

欲を出せばいいというものではなく、経済的な成功だけをガツガツと追いかけている人は、なぜか必ず、どこかでつまずいてしまうのです。

株などへの投資も同じことで、証券会社やテレビ番組などからの情報に踊らされ、売ったり買ったりを繰り返している人よりも、ある会社に惚れ込み、その会社の株を買い、会社の成長を楽しみに見守っている。そんな投資のし方のほうが、最終的には大きな実りを手にすることが多いようです。

仕事でも投資でも「ここは勝負時だ。一発逆転を賭けて勝負に出る！」と気勢をあげんばかりに、失敗するとすべてを失うほど勝負を張る人がいます。

しかし、逆転ホームランで大いに盛り上がるのは野球の試合だけ、に止めておくほうがよさそうです。

多数の社長さんと出会ううちに、私は「人生には逆転満塁ホームランはないのだ」と確信するようになっています。

ここで一発、大きく儲けてやろう！　と欲をふくらませている人、邪心でいっぱいの人からは金運も逃げていってしまうのか、こういう人で成功したことに出会ったことがありません。

仮に儲かったとしても、こういう人は満足ということを知らないので、さらに欲をふくらませて大きな賭けに出ることが多く、その結果、すべてを失って終わり！　ということになるのがオチなのです。

❖仕事とともに成長、進化を遂げていく

私の顧問先の社長にこんな方がいます。

ある事業で多店化経営をするところまで大成功したのですが、20店舗を超えたころ、その会社を売却してしまいました。

理由をうかがうと、いまの自分には20店舗を超えると身の丈を超えてしまい、経営し切れないと思ったから、という返事です。

たしかに、最初から大きな組織をハンドリングできる人はめったにいません。1店舗から2店舗へ、2店舗から3、4店舗経営へ、と段階的に発展を進めていかないと、企業の規模と社長自身の力にギャップができてしまうのです。

企業の成長と社長自身の成長が同じペースで進んでいかないと、どこかでバランスが

崩れ、経営が成り立たなくなってしまうことはよくあります。

経営者としての自分の力量を客観的に判断できる社長は、自らの身の丈をちゃんとわきまえていて、その身の丈に合った規模の会社を経営しています。

身の程知らずという言葉がありますが、まだ、自分が社長として十分成長できていないのに規模拡大に走った社長は、ほとんどがみごとにとん挫し、倒産したり、倒産とまでいかなくても苦しい状況に追い込まれたりしてしまうケースが多いものです。

それとは逆に、会社の拡大成長とともに、自分自身の人間性も成長させている社長は、年齢とともに人間的にも成長、成熟していき、社員からはもとより、まわりの人からも愛され、尊敬され、心豊かな人生を送っています。

豊かな人間関係に囲まれる人生……。

それこそが人生における最大の資産だと、私は考えています。

▼身の丈に合った規模の経営を基本に、一方で自身の成長に努め、経営規模を拡大、発展させていく。

会社をつぶさずに、お金を回せる社長は、
逃げない、あきらめない、やり尽くす。

私がこれまで相談に応じた社長は1300人ほどにのぼります。相談にこられるぐらいですから、そのほとんどが経営上の悩みを抱え、あるいは苦境に立っています。

なかには「なんで社長になんかなってしまったんだと思うくらいですわ。逃げ出せるものなら逃げ出したい」と本気でいう人もけっこうおられます。

でも、こうした考えが脳裏に浮かんだその時点で、その社長はもう「負け！」です。

いやなことから逃げたい。
つらいことから逃げたい。
しんどいことから逃げたい。

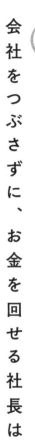

人間、誰しも思うことです。しかし、ここで逃げたら、その先はありません。成功し、会社を長く続けてきた社長は絶対に逃げません。あきらめません。

私自身もそうでした。140億円の借金を背負いながら自力で再生を図る途上ではいやなこと、うまくいかないこと、思わぬことが次々降りかかり、何度も四面楚歌状態になりました。

しかし、どんな状況でも、私は「逃げたい。あきらめよう」と思いませんでした。最初に、絶対に倒産しない、自己破産しない。自力で再生しようと決めていたからです。

血尿が出、頭に小さな脳梗塞が15か所もできるほど考えに考え抜いている間に、針の穴ほどの突破口があき、そこからかすかな光が射してきて、いまにつながる道が見えてきたのです。

❖銀行口座を凍結された経営者の逆襲

ある相談者の例です。

経営が苦しくなったこの社長は、地元銀行にリスケの延長交渉をしている最中に口座を凍結されてしまいました（他行はすべてリスケ延長は合意し、支援体制は整っていたのにもかかわらず）。

交渉中に、地元銀行は「自宅を担保に差し出してください」といってきていました。住宅ローン残高は２５００万円。自宅の担保価値は４０００万円です。

やむなく、社長は自宅を売却し、売掛金を出金しようとすると、口座が凍結されていたというのです。

これを聞いた私は、これは「もう我慢の限界だ。金融庁と銀行協会に訴えるしかない」と社長に告げ、金融庁や銀行協会にことの経緯を説明しました。すぐに地元銀行の本店に連絡し、口座凍結を解除するよう指導してくれました。

同時に、地元銀行がこの社長に求めていた「第三者の保証人を立てよ」という要求も却下させました。これは金融庁の指導に反しているからです。

もし、この社長が私のところに相談に見えなかったら……と思うと慄然とします。

しかし、多くの社長は、銀行にここまでやられればおびえてしまい、銀行のいいなりになり、ほどなく倒産してしまうのではないでしょうか。

少子高齢化で会社も激減しているなか、地域経済に貢献でき、雇用創出ができる社長なら、再チャレンジ可能な金融機関の支援体制が構築されるべきです。銀行員の目利きが大切で、さらに金融機関の社会的使命感が大切です。

やめるときを想定し、覚悟することも社長の務め

「逃げない」「あきらめない」といったそのそばから、「やめるときを想定していることも大事だ」というと、いったい、どっちが本当なのだ、と突っ込まれそうな気がします。

実は、この2つは一見、相反しているようでいて、根っこは1つです。

ときには「会社を存続させない」と決意することが最良の解決策になることもある。社長になったときから、そう覚悟し、肚をくくることも必要なのです。

先日、相談に見えた方はまだ40代半ば。社長の父親が倒れてしまい、事実上、経営者として経営のすべてを見なければならない立場だといいます。

しかし、事業は赤字。債務超過、借入過多。いまの売上と利益では一生かかっても返

済はできない。債務超過なので、むろん、他行からの支援をあおぐことはむずかしい……。つまり、八方ふさがり。一筋の光明を探ることもできない状態です。

銀行は社長交代を要求しているといいます。現在の借入金の個人保証は社長、つまり、父親1人といいます。

銀行の思惑は明々白々です。社長を交代してもらい、この息子の資産まで押さえてなんとか貸付金を回収したいと考えているのです。

私は、正直に、「会社を閉めることも考えてみてはどうか」と提案しました。

銀行のいいなりになれば、この方は新社長に就任してほどなく、家から会社からすべてを銀行に取られてしまうことになる可能性大だと考えるべきでしょう。

もちろん、父親に代わって自らが社長になり、会社の再生に人生をかけるという選択もあります。

これ以上ないほどひどい状態から粘り強く経営改善を進めていき、少しずつ先が見えてきた経営者もいます。あきらめてしまわないかぎり、どんな状態からもリカバーの可能性はある。これも本当です。

潔く撤退するのも1つの選択。最後の最後までやり尽くし、どんなにイバラの道だろうと、あきらめないで再生の道を進んでいこうと決意するのも1つの選択。

それを決めるのは、いつの場合も社長本人です。

人生を賭けた決断。それをするときには、もう1人の自分自身の目で、いまの自分を冷静に見てみましょう。

他人が、いまの自分をどう見るか。そんなことは気にする必要はありません。

経営者は孤独なのです。会社がどんな状況になっても誰も助けてくれません。すべて自己責任の世界。経営者の生き方とはそういうものです。

だからこそ、最後の選択は、自分の信念で、自分の人生にとってこれがベストだという生き方を選んでください。

❖利他の精神で経営していれば大きな報酬がついてくる

がんこでわがままな父でしたが、私にこれ以上ないことを教えてくれました。

「人に喜ばれる、社会に喜ばれる、そんな仕事をしていれば儲けは後からついてくる」

というのです。

「儲けようとするから儲からない。損して得とれ、という言葉を知らんのか」ともいわれ続けました。

若いときにはいまひとつピンときませんでしたが、年齢を重ね、140億円の借金の返済という大仕事を通り過ぎてきたいまは、その言葉が身に沁みて感じられます。

会社のお金のやりくりをする場合も、自分第一、自分の会社第一の考え方では人はついてきません。**どんな選択、どんな決断をする場合も、取引先に損を与えないように。世間に迷惑をかけないように。さらに進んで、相手の利益や便宜を重んじて、ときには自分は犠牲になるくらいの覚悟と決断をする。**

こうした利他の精神をもった経営者は誰かがどこかで温かい目で見てくれています。

そうした温かな視線、心づかいに感謝しながら生きていく、その喜びはお金には代えられないもの。人生で最高の成功だといってよいものだと思います。

▼どんな場合も、選択するのは社長、つまり自分自身。

このとき、利他の精神で、ウソのない選択をすることがいちばん大事。

あとがき

経営アドバイザーとして活動するようになってから今日まで、１３００人近くの社長と向き合い、経営に関するさまざまな問題解決に取り組んできました。

中小企業の多くにとって、いちばんの悩みはお金、つまり資金繰りです。資金繰りの悩みの最大の原因はいうまでもなく、会社経営に問題があることですが、同時に、お金をどう繰り回していくのか。とりわけ金融機関とのつき合い方について、驚くほど知識もテクニックももっていないことが問題だと断言できます。

会社経営については、いまは、昨日と同じビジネスをしていたら、今日はもう危うい。それほどの激変が、恐ろしいほどのスピードで起こっていることを強く認識していただきたいと思います。そして、あらゆる知恵とエネルギーを傾注して、このけわしい時代を乗り切っていってほしいと願っています。

激変に対応しようとするとき、頼りにするのは銀行、金融機関です。ところが、中小企業の社長の多くは、銀行とのつき合いが苦手だという意識が強く、そのため、金融機関をうまく使いこなせていません。

銀行とのつき合い方にも秘訣があります。銀行の立場や思惑を考えれば、その秘訣はおのずと見えてくるはずです。

銀行の思惑や立場を読み取り、理解できるようになれば、もはや一流の経営者だといえる。企業経営にとって銀行とのつき合い方は、それほど重要だということです。

本書では、銀行とのつき合い方について特にページを割き、本来なら活字にすることをはばかるようなマル秘テクニックまで紹介してあります。ひょっとしたら、私は銀行から〝要注意人物〟だとマークされてしまうかもしれません。

それを覚悟してまで、本書を書いた理由は……、

私は、なんとしても、日本の中小企業にもっとがんばってほしいのです。

技術大国といわれる日本。これまでも、これからも、日本は世界に冠たる技術力をもって生きていかなくてはなりません。その技術力の底支えをしているのは、日本の企業の

95%以上を構成している中小企業です。

ところが、その中小企業の経営基盤がぜい弱であるうえ、日本の法律では、企業経営者が一度、経営に失敗すると、個人の人生から家族の生活まで破たんに追い込まれてしまうのです。しかも、再起の道まで閉ざされてしまう。現状では、日本ではそれほどに厳しい社会であるのが現実です。

それなのに、多くの経営者が無防備、無知、そしてリスクヘッジを考えないまま経営に当たっているのです。これほど恐ろしいことはないといいたいくらいです。

アメリカをはじめ諸外国ではこんな例はほとんどありません。失敗しても再チャレンジの機会がちゃんと与えられています。

私は、なんとしてでも、日本も「中小企業経営者が再チャレンジできる社会」に変革していきたい。

再チャレンジ社会を実現したい。これを最大の目的に活動しています。

活動の①は、メルマガの発行です。登録をしていただくと、無料で、毎週「知らないと損をする情報」が届きます。

活動の②は、「絶対に失敗しない社長の極意セミナー」を東京と大阪で開催しています。

活動の③は、無料個別面談の開催です。将来に1ミリでも不安があるなら、すぐにお申し込みください。不安を解消するための対策や心構えについて、お話しさせていただきます。

悩んでいるだけでは不安は絶対に解消できません。この3つの活動をぜひ、積極的に活用してください。

そして、ご一緒に元気な中小企業を育てていき、日本の将来を明るく元気なものにしていくことができたら……。これが私の最大の願いです。

ご連絡を心からお待ちしています。

【著者紹介】

三條　慶八（さんじょう・けいや）

◉——1960年、神戸市生まれ。"会社と家族を守る"経営アドバイザー。株式会社Ｊライフサポート代表取締役。

◉——負債140億円を背負った会社を自らの力で再生し、完全復活させた経験に基づき、悩める中小企業経営者に真の会社経営、会社再生法を伝授している。机上の空論ではなく、自らの体験から得た実践的な手法は多くの経営者から信頼を得ており、特に対金融機関との交渉法が、多くの顧客から評価されている。

◉——「もっと早く出会いたかった」「今すぐ指導してもらいたい」などの声が全国から寄せられている。中小企業経営者とともに、最後まであきらめることなく懸命に闘う姿勢が共感を得ている。本書は、そんな中小企業経営者との対話、実践から生まれた、会社をつぶさず、安定経営をするために、経営のキモである「お金」についての考え方、使い方、集め方などをまとめた１冊。

◉——主な著書に『社長の基本』（小社）、『あなたの会社のお金の残し方、回し方』（フォレスト出版）等がある。

社長《しゃちょう》のお金《かね》の基本《きほん》　〈検印廃止〉

2019年3月11日　　第１刷発行

著　者——三條　慶八

発行者——齊藤　龍男

発行所——株式会社かんき出版

東京都千代田区麹町4-1-4 西脇ビル　〒102-0083

電話　営業部：03(3262)8011㈹　編集部：03(3262)8012㈹

FAX　03(3234)4421　　振替　00100-2-62304

http://www.kanki-pub.co.jp/

印刷所——シナノ書籍印刷株式会社

ISBN978-4-7612-7403-0 C0030